Deianeira lebt in Trachis und wartet sehnsüchtig auf die Rückkehr ihres Gatten Herakles, der im Krieg ist. Sie bangt um ihn, da jede Kunde von ihm fehlt. Die anfängliche Freude der Deianeira über die Rückkunft des Herakles wandelt sich in Verzweiflung, als Herakles mit der schönen jungen Königstochter Iole eine zweite Frau ins Haus bringt. Deianeira sieht die Zerstörung ihrer Ehe und ihres Glücks voraus. In ihrer Not meint sie mit einem Liebeszauber die Zuneigung ihres Mannes zurückgewinnen zu können. Als sie dann erfahren muß, daß sich das Gewand, das sie zum Liebeszauber mit dem vergifteten Blut des Kentauren Nessos getränkt hat, Herakles in den Leib frißt und ihn vernichtet, ersticht sie sich.

Den Leser der Gegenwart zieht vor allem die Gestalt der Deianeira an: das in der Weltliteratur immer wieder behandelte Motiv der alternden Frau, die ihren Mann an eine jüngere zu verlieren droht.

Sophokles, 497/496 v. Chr. in Kolonos bei Athen geboren, ist 406/405 v. Chr. in Athen gestorben.

insel taschenbuch 2602
Sophokles
Die Frauen von Trachis

Sophokles
Die Frauen von Trachis

Übertragen von Wolfgang Schadewaldt
Herausgegeben von Hellmut Flashar
Mit zahlreichen Abbildungen
Insel Verlag

insel taschenbuch 2602
Erste Auflage

Hinweise zu dieser Ausgabe am Schluß des Bandes
Vertrieb durch den Suhrkamp Taschenbuch Verlag
Umschlag nach Entwürfen von Willy Fleckhaus
Satz: Hümmer GmbH, Waldbüttelbrunn
Druck: Nomos Verlagsgesellschaft, Baden-Baden
Printed in Germany

1 2 3 4 5 6 – 05 04 03 02 01 00

INHALT

DIE FRAUEN VON TRACHIS

Übertragen von
Wolfgang Schadewaldt

Die Personen des Dramas

DEIANEIRA Tochter des Oineus, Gattin des Herakles
AMME
HYLLOS Sohn des Herakles und der Deianeira
MANN aus Trachis
LICHAS Herold des Herakles
IOLE Tochter des Königs Eurytos *(spricht nicht)*
HERAKLES
EIN ALTER MANN Diener des Herakles
CHOR der Frauen von Trachis

Die Handlung spielt vor dem Haus des Herakles in Trachis, dem Zufluchtsort der Familie des Herakles.

DEIANEIRA

Es ist ein Wort, das schon von alters aufkam bei den Menschen,
Daß du von keines Menschen Leben wissen kannst, bevor
Er starb: war es gut für ihn oder war es schlecht.
Ich aber weiß von meinem Leben sehr wohl,
Schon ehe ich hinunter in die Erde gehe,
Daß es unselig war und schwer: die ich
Noch in dem Hause meines Vaters Oineus,
In Pleuron wohnend, meiner Hochzeit wegen
Angst ausstand, schlimmste, wie nur *ein* Aitoler-Weib.
Denn mein Bewerber war ein – Strom: der Achelóos.
In drei Gestalten warb er um mich bei dem Vater:
Erschien leibhaftig als Stier, als bunte Schlange
Geringelt, und dann wieder in Mannsgestalt,
Rindshäuptig, und dem schattigen Backenbart
Entströmten Bäche von der Quelle Naß.
Solchen Freiers gewärtig, wünschte
Ich Unglückselige mir nur den Tod,
Bevor ich solchem Bette jemals nahen müßte.
Erst später, doch willkommen mir,
Kam Herakles, des Zeus und der Alkmene
Berühmter Sohn, warf in den Kampf sich mit dem Unhold und
Befreite mich. –
Nun, Gang und Art des Kampfes kann ich nicht beschreiben.
Ich weiß es nicht. Wer ohne Zittern
Zusah dem Schauspiel, der mag es berichten.
Ich saß dabei, verschreckt, in Ängsten, daß
Die Schönheit mir am Ende nicht noch Kummer brächte.

Doch gab ein gutes Ende Zeus, der Herr des
Wettkampfs –
Wenn es denn gut war. Denn als ein erwähltes Bett
Dem Herakles verbunden, nähr ich immer
Nur Furcht aus Furcht, um ihn mich härmend.
Denn eine Nacht bringt, und die andre, folgende
Verscheucht ihn wieder, den Kummer. – Da zeugten wir
Söhne, die jener wie ein Landmann,
Der ein fernabgelegenes Feld bestellt,
Nur jeweils bei der Aussaat und der Ernte sieht. –
So war das Leben, das den Mann beständig
Ins Haus und *aus* dem Haus trieb in der Dienstbarkeit
Des Vetters, dem er untertan war, des Eurystheus.
Jedoch nachdem er über diese Mühsale
Hinausgelangt ist, bin ich nun am allermeisten
In Furcht. Denn seit er die Gewalt
Des Iphitos von Ochalía
Erschlug, leben wir hier in Trachis, landesflüchtig,
Bei einem Gastfreund von ihm. Aber Er, wohin
Er ist, weiß niemand, nur eines weiß ich, daß er
Mir bittre Schmerzen zugefügt hat, als er ging.
Und fast bin ich gewiß, ihn traf ein Leid. –
Denn keine kleine Zeit, nein, schon zehn Monde
Zu fünf anderen bleibt er aus,
Ganz ohne Kunde – und das ist ein schlimmes Leid.
Denn eine Tafel hinterließ er mir beim Scheiden,
Beschrieben so, daß ich nur immer zu den Göttern
Bete, daß ich sie nicht zu meinem Leid empfing.

AMME

Herrin Deianeira! Oft schon sah ich
Dich, ganz in Tränen, Jammerrufe
Herausschrein bei dem Ausbleiben des Herakles.
Doch jetzt – wenn es der Einsicht einer Sklavin zusteht,
Die Freigeborenen zu ermahnen – muß auch ich

Dir vorstellen, was deine Sache ist.
Was bist du reich an Söhnen, und entsendest
Nicht *Einen* auf die Suche nach dem Mann?
Und steht dies nicht am ehesten dem Hyllos an,
Wenn er denn um den Vater Sorge trägt,
Ob er sich glücklich zu befinden scheint?
Doch führt ihn selber grad der Fuß zum Haus herbei.
Darum, wenn dir mein Rat am Platz erscheint,
Bediene dich des Manns und meines Worts.
(Hyllos kommt)

DEIANEIRA

Kind! Sohn! Auch aus dem Munde von geringen Leuten
Fallen die Worte gut. Denn diese Frau,
Nur eine Sklavin, hat gesprochen doch ein Wort
wie eine Freie.

HYLLOS

Welches? Sage es, Mutter, wenn du es mir sagen darfst.

DEIANEIRA

Daß, da der Vater schon so lange fort ist
Und du nicht nachforschst, wo er sei, dir Schande bringt.

HYLLOS

Aber ich weiß es – wenn man Reden trauen darf.

DEIANEIRA

Und wo, Kind, hörst du, daß er auf der Erde sei?

HYLLOS

Vergangnen Jahrs hab' er die ganze Zeit, so heißt es,
Bei einem Lyderweib gedient als Knecht.

DEIANEIRA

Alles, wenn er auch das ertrug, kann man dann
wohl hören!

HYLLOS

Doch kam er frei davon, soweit ich höre.

DEIANEIRA

Und wo ist er jetzt, sagt man, lebend oder tot?

HYLLOS

Ins Land Euboia, sagen sie, zog er zu Feld,
Zur Stadt des Eurytos, oder gedenkt es noch.

DEIANEIRA

Weißt du, Kind, daß er Göttersprüche,
Verläßliche, mir wegen dieses Ortes hinterließ?

HYLLOS

Welche denn, Mutter? Von der Sache weiß ich nichts.

DEIANEIRA

Er werde entweder das Ende seines Lebens
Finden, oder wenn er auch diese Arbeit ausgeführt,
Für künftig dann das Übrige des Lebens
In gutem Glück verbringen.
Wo er in solcherlei Entscheidung steht,
Mein Kind, willst du nicht gehen und
Ihm helfen? Da wir doch gerettet sind,
Wenn er sein Leben rettet, oder mit ihm untergehn.

HYLLOS

So geh ich, Mutter! hätte ich die Rede dieser
Göttersprüche gekannt, ich wäre längst schon dort.
Jetzt aber ließ das schon gewohnte Los
Des Vaters mich nicht für ihn fürchten
Noch gar zu sehr in Sorge sein.
Jetzt, da ich's weiß, will ich nichts unterlassen,
Um darüber die ganze Wahrheit zu erforschen.

DEIANEIRA

So geh, mein Sohn! Denn auch erst später
Von gutem Glück zu hören, bringt Gewinn.
(Hyllos geht. Deianeira bleibt auf der Bühne.
Der Chor der Frauen von Trachis zieht ein.)

CHOR

Den die funkelnde Nacht, hinschwindend,
Gebiert und wieder zur Ruhe bettet,
Den flammenden,

Helios, Helios bitt ich,
Dies zu verkünden von der Alkmene Sohn:
Wo er mir, wo er mir denn wohnt –
O der du mit hellem Blitzstrahl flammst! – :
Sei es in Sunden des Meers oder sei's
Auf beiden Festländern weilend.
Sage es, Stärkster
In dem Bereich deines Blicks!

Mit sehnendem Sinne seh ich
Die umkämpfte Deianeira immer
Wie einen kläglichen Vogel
Niemals zur Ruhe betten
Unbetränter Wimpern Sehnsucht.
Nein, der Wege des Mannes
Eingedenk Furcht nährend,
Härmt sie sich ab
Auf sorgenvollem Lager,
Gattenlos,
Ein schlimmes erwartend,
Ein unseliges Schicksal.

Denn wie vielfach des unermüdlichen Süd
Oder des Nordwinds Wogen
Einer über das breite Meer
Kann sehen, wie sie gehen und kommen:
So wirbelt den Mann von des Kadmos Geschlecht
Umher und erhebt ihn wieder
Die viele Lebensmühsal,
So wie das Meer vor Kreta.
Doch einer der Götter immer
Hält den Unbeirrten
Fern von des Hades Häusern.

Darum dich tadelnd, bringe ich dir
Zwar Ehrfurcht entgegen, doch Widerspruch auch.
Denn ich sage, nicht aufreiben
Die Hoffnung, die gute,
Darfst du: Schmerzloses hat auch nicht
Der über alles waltende König
Geworfen auf die Sterblichen,
Der Sohn des Kronos.
Nein, Leid und Freude
Kreisen über allen, wie
Des Großen Bären sich drehende Pfade.

So verweilt weder die funkelnde
Nacht den Sterblichen, noch das Unheil,
Noch auch der Reichtum, sondern geschwind
Ist er dahingegangen und
Über den anderen kommt
Sich-Freuen und wieder Entbehren.
Das mußt auch du, die Herrin, sag ich,
Festhalten in Hoffnungen immer.
Denn wer hat jemals so
Zeus um die eigenen Kinder
Unbesorgt gesehen?

DEIANEIRA

Du kamst, wie ich vermute, weil dir Kunde wurde
Von meinem Leid. Jedoch wie sehr ich mir das Herz verzehre,
Das magst du niemals an dir selbst erfahren! Jetzt
Weißt du noch nichts davon.
Denn das, was jung ist, weidet noch
Auf seinen eigenen Fluren, und nicht die Glut
Des Sonnengottes und nicht Regen noch auch irgend
Ein Wind bedrängt es, nein, in Freuden

Erhebt sich ohne Mühsal ihm das Leben –
Solang bis eine, anstatt ›Jungfrau‹, ›Weib‹
Genannt ist und zur Nacht ihr Teil an Sorgen
Empfängt, sei's um den Mann, sei's um die Kinder
Sich ängstigend.
Ja, dann mag eine, auf ihr eigenes Leben blickend,
Einsehn, von *welchem* Ungemach ich bin beschwert. –
Nun, über viele Leiden hab ich schon geweint,
Doch eines, so beschaffen wie noch nie zuvor:
Gleich sag ich's dir.
Denn als zu seiner letzten Fahrt der Herr
Aufbrach vom Hause, Herakles, da ließ
Er eine alte Tafel in dem Haus, beschrieben
Mit Zeichen, die er früher mir noch nie,
Zu wieviel Kämpfen er auch auszog,
Zu zeigen jemals unternahm.
Nein, so als werde er etwas vollbringen,
Brach er stets auf, und nicht als ob er sterben müsse.
Jetzt aber – so als *wäre* er nicht mehr –
Bestimmte er, was ich als Witwengut
Empfangen sollte, bestimmte er,
Welch einen Teil er seinen Kindern
Vom väterlichen Lande aussetzte als Sondergut;
Wobei als Zeit er festsetzte im vorhinein,
Daß er, wenn er drei Monate fernbliebe
Dem Lande und ein Jahr, nachdem er ging,
Entweder sterben müsse dann zu jener Zeit
Oder, wenn er entkommen würde diesem Ziel der Zeit,
Er nunmehr leben werde für das Übrige
In einem Leben ohne Leid.
Dies, sagte er, sei von den Göttern so bestimmt
Als Ende für die ›Mühsale des Herakles‹,
Wie es die alte Eiche von Dodona einst
Verkündet durch das Paar der Tauben, sagte er.

Und alles dies stimmt mit Genauigkeit
Zu der jetzt gegenwärtigen Zeit,
Daß es sich so vollenden muß. So daß,
Wenn ich im süßen Schlafe liege,
Ich aufspringe vor Furcht, zitternd, ihr Lieben,
Ob es sein soll, daß ich muß bleiben
Beraubt des unter allen besten Mannes.

CHORFÜHRERIN

Still jetzt! kein Unglückswort! Ich sehe einen Mann,
Bekränzt, dort kommen, so als ob er Freude bringt.
(Ein alter Mann eilt herbei.)

MANN

Herrin Deianeira! Als der erste Bote
Lös ich dich aus der Ungewißheit: der Alkmene Sohn,
Wisse, er lebt, ist Sieger, und vom Kampf
Bringt er die Erstlingsgaben für des Landes Götter.

DEIANEIRA

Welch Wort hast, Alter, du mir da gesagt?

MANN

Daß bald ins Haus dir, vielbeneidet,
Dein Gatte kommt, erscheinend mit siegbringender Kraft.

DEIANEIRA

Von wem der Bürger oder Fremden hast du das gehört?

MANN

Vor vielem Volk verkündete es auf der Sommerweide
Lichas, der Herold. Ich, da ich es von ihm hörte,
Lief weg, damit ich dir's als erster meldete und etwas
Von dir empfinge und mir Dank erwürbe.

DEIANEIRA

Und warum bleibt er selbst fern, wenn er Gutes bringt?

MANN

Weil er nicht viel Bewegungsfreiheit hat, Frau!
Denn rings herangetreten, fragt und forscht
das ganze Volk

Der Melier ihn aus, und er kommt nicht vom Fleck.
Denn keiner, Mann für Mann, in Wißbegier,
Läßt ab von dem Verlangen, eh er nicht
Nach Herzenslust gehört hat.
So ist er, widerwillig, dort von Willigen umgeben.
Doch wirst du ihn gleich selber vor dir sehen.

DEIANEIRA

O Zeus, der du des Oita nie geschnittene Flur besitzt!
Gegeben hast du, wenngleich spät, uns Freude.
Stimmt an, ihr Frauen: dort im Hause drinnen
Wie draußen vor dem Hofe, da wir dieser Kunde
Lichtblick, der mir aufging unerwartet, jetzt genießen!

CHOR

Aufjuble das Haus
Mit Jauchzen am Herd,
Das bald die Ehe erneuern wird.
Und der gemeinsame Gesang der Männer
Preise dazu
Den köcherguten
Apollon, den Beschützer.
Und zugleich den Heilsgesang, Heilsgesang
Führt herauf, ihr Jungfrauen!
Ruft die mit ihm Gesäte:
Artemis Ortygia,
Die Hirschjägerin, von Fackeln umflammt,
Und die benachbarten Nymphen.
Ich fliege auf und verstoße nicht
Die Flöte, o meines Sinns Gebieter!
Da sieh! es rührt mich auf –
Euoi! –
Rührt mich auf der Efeu,
Der mich herumwirbelt jetzt
Im taumelnden Wettstreit.

(Leidenschaftlicher Tanz.
Der Herold Lichas nähert sich mit einem Zug von Kriegern und gefangenen Frauen, unter ihnen Iole.)

I-oh i-oh Paian!
Da siehe, sieh, o liebe Frau!
Dieses da, du darfst es
Vor Augen sehen deutlich!

DEIANEIRA
Ich seh' es, liebe Frauen, und der Wacht des Auges
Entging der Zug nicht, daß ich ihn übersah. –
Freude sag ich dem Herold an, kommt er auch spät –
Wenn denn erfreulich ist, was du mir bringst.

LICHAS
Nun, gut ist unser Kommen, gut sind wir begrüßt,
Frau, entsprechend dem Vollbringen der Tat.
Denn wenn ein Mann gut fuhr, so ist es not,
Daß man ihm dafür lohnt mit guten Worten.

DEIANEIRA
Liebster der Männer! Sag zuerst, was ich zuerst
Erfahren will: werde ich lebend Herakles empfangen?

LICHAS
Nun, ich verließ ihn voller Kraft und lebend
Und blühend und von Krankheit unbeschwert.

DEIANEIRA
Und wo des Lands? in unserem oder einem fremden?
Sprich!

LICHAS
Ein Vorgebirge von Euboia ist da: dort stiftet er
Altäre und Fruchtspenden für den Zeus des Landes.

DEIANEIRA
Erfüllend ein Gelübde, oder auf ein Seherwort?

LICHAS
Auf ein Gelübde, als er mit dem Speer erobern wollte
Das Land hier dieser Frauen, die du vor dir siehst.

DEIANEIRA
Und diese – bei den Göttern! –
Von wem denn stammen und wer sind sie?
Bejammernswert, wenn mich ihr Los nicht täuscht.

LICHAS
Diese hat er, als er die Stadt des Eurytos zerstörte,
Ausgewählt für sich selbst und für die Götter
Als auserlesenen Besitz.

DEIANEIRA
So war's bei *dieser* Stadt, daß er sich aufhielt
Die unabsehbare, nach Tagen unzählbare Zeit?

LICHAS
Nicht doch! In Lydien wurde er die meiste Zeit
Gehalten, wie er selbst sagt – nicht als freier Mann,
Sondern verkauft. Doch darf man keinen Anstoß,
Frau, nehmen an dem Wort, da Zeus es so gewirkt.
Doch er, an Omphale verkauft, die Asiatin,
Verbrachte, wie er selbst sagt, dort ein Jahr.
Und so sehr biß die Schande ihn, die er empfing,
Daß er sich selber band durch einen Eid und schwur:
Er werde den Urheber dieses Leids
Mit Kind und Weib dereinst zu Sklaven machen.
Und sprach kein leeres Wort. Denn kaum daß er
Gereinigt war, zieht er mit einem Heere, das er anwarb,
Gegen die Stadt des Eurytos. Denn dieser war
Ihm einzig schuld, so sagte er, an diesem Leid:
Der ihn, als er zum Herd in seinen Häusern
Als alter Gastfreund war gekommen, viel
Mit Worten schmähte, schwätzend viel, heillosen Sinns:
Da hab' er zwar in Händen die Pfeile,
Die unentrinnbaren, mit seinen Söhnen aber

Komme im Wettkampf mit dem Bogen er nicht mit.
Und tönt daher, er müsse sich als Sklave
Abrackern in dem Dienste eines freien Manns.
Und als er beim Gelage war berauscht,
Warf er ihn aus dem Haus. Deswegen faßte
Herakles einen Groll, und als das nächstemal
Der Sohn des Eurytos, Iphitos, auf den Hügel
Von Tiryns kam, nach flüchtigen Pferden Ausschau haltend,
Da stürzte er ihn, der hierher das Auge
Und dorthin seinen Sinn gerichtet hielt,
Oben von dem getürmten Fels herab.
Das war die Tat, warum ergrimmt der Herr,
Der Vater aller, Zeus in dem Olymp,
Ihn fortschickte verkauft, und es nicht litt,
Daß er, und sei's auch einzig diesen von den Menschen,
Mit Arglist tötete. Denn hätte
Er offen sich gerächt, das hätte Zeus
Ihm wohl verziehen, weil er Hand an ihn gelegt mit Recht,
Denn Überhebung lieben auch die Götter nicht.
Doch sie, die da geschwelgt mit böser Zunge,
Sind selbst nun Siedler alle in der Totenwelt,
Die Stadt versklavt. Und diese, die du vor dir siehst,
Aus Glück in ein nicht neidenswertes Los gestürzt,
Treten vor dich. Denn dies hat dein Gemahl
Befohlen, und ihm treu erfüll ich es.
Er selbst jedoch, sobald er heilige Opfer
Hat dargebracht dem väterlichen Zeus
Für die Eroberung, das sei gewiß,
Wird kommen. Dieses ist der Rede, der langen,
Schön gesprochen, am süßesten zu hören.

CHORFÜHRERIN

Herrin! jetzt steht die Freude leibhaft vor dir:
Sei's gegenwärtig, sei's was du im Wort erfuhrst.

DEIANEIRA

Wie sollt ich, wenn ich von des Mannes glücklichem
Vollbringen höre, mich nicht freuen
Mit vollberechtigtem Gefühl? Notwendig muß
Das eine mit dem anderen zusammengehn.
Und doch, es lebt in dem, der's recht bedenkt,
Die Furcht, daß der, der gut fährt, nicht auch wieder
falle.
Denn mir kam ein schrecklicher Jammer, Freundinnen,
Beim Anblick dieser Unglücklichen, die
Es in die Fremde heimatlos und vaterlos verschlug,
Die früher vielleicht Töchter freier Männer waren,
Und jetzt ein Sklavendasein haben. O Zeus,
Gott des Sieges, möge ich niemals sehen, wie du je
Irgend so vorgehst gegen mein Geschlecht,
Und wirst du's tun, dann nicht, solange
Hier diese
(auf sich selber weisend)
noch am Leben ist!
Solch eine Furcht erfüllt mich, wenn ich diese sehe.
(sie wendet sich an Iole)
Unglückliche! wer bist du unter diesen jungen Frauen?
Noch ohne Mann? oder schon Mutter? Deinem
Aussehen nach
Weißt du noch nichts von alledem. Doch aber eine
Von edlem Stamm?
(Iole wendet sich ab und schweigt)
Lichas!
Von wem unter den Menschen stammt die Fremde?
Wer ist die Mutter? wer, der sie gezeugt: ihr Vater?
Sage es offen! Denn am meisten unter diesen allen
Jammert sie mich, wenn ich sie sehe, um so mehr,
Als sie ihr Los klar zu begreifen weiß allein.

LICHAS

Was weiß denn ich! Was verhörst du mich?
Ein Sproß vielleicht nicht von den letzten dort im Land.

DEIANEIRA

Vom Stamm der Herrscher?
Gab es eine Tochter des Eurytos?

LICHAS

Weiß nicht! hab' auch nicht lange nachgeforscht.

DEIANEIRA

Und auch den Namen hast du nicht von einem
Der Begleitenden erfahren?

LICHAS

Nein, nicht doch! Schweigend tat ich meine Arbeit.

DEIANEIRA

(wieder an Iole gewandt)
So sage denn, du Arme, es uns selbst! Es ist
Doch wirklich mißlich, nicht zu wissen, wer du bist.

LICHAS

Nicht wird die anders als in früherer Zeit
Die Zunge in Bewegung setzen, wo sie nichts
Verlauten ließ, nicht Großes noch Geringes,
Nein, immer schmerzhaft spürend ihres Unheils Schwere,
Vergießt sie Tränen, die Arme, seit sie ihre Stadt,
Die winddurchwehte, verließ. Es ist gewiß ein Schicksal,
Schlimm für sie selber, doch auch Nachsicht fordernd,

DEIANEIRA

So lasse man sie, und sie geh' ins Haus hinein,
So wie es ihr am liebsten ist.
Sie soll zu den vorhandenen Übeln jedenfalls
Von mir nicht neues Leid empfangen.
Es ist genug an dem, was da ist. Aber gehn wir
Alle ins Haus, damit du
(zu Lichas)
eilen kannst,

Wohin du willst, und ich im Haus die Anordnungen
treffe.

(Lichas geht mit den Gefangenen ins Haus. Als Deianeira ihm folgen will, tritt ihr in den Weg der Mann.)

MANN

So warte erst einmal hier noch ein wenig! daß
Du – ohne die da – hörst, *wen* du ins Haus führst,
Und wovon du nichts hörtest, das erfährst, was not tut.
Denn davon hab ich ganz genaue Kenntnis.

DEIANEIRA

Was ist? was trittst du mir so in den Weg?

MANN

Bleib stehn und höre! Denn war meine frühre Botschaft
Nicht unwichtig zu hören, nun, so ist es,
Denk ich, auch meine jetzige nicht.

DEIANEIRA

Rufen wir also diese wieder hierher
Zurück, oder willst du vor mir und diesen Frauen
sprechen?

MANN

Vor dir und diesen hindert nichts. Die andern laß!

DEIANEIRA

Sie sind gegangen! So laß das Wort denn hören.

MANN

Der Mann da
(mit Fingerzeig auf das Haus)
hat mit keinem Wort, das er da sagte,
Ehrlich gradhin gesprochen! Nein, er ist
Entweder jetzt falsch oder trat zuvor
Vor uns nicht auf als ein ehrlicher Bote.

DEIANEIRA

Was sprichst du? sag mir deutlich alles, was du meinst.
Denn was du sagst: befangen bin ich da in Unkenntnis.

MANN

Gehört hab ich, wie dieser Mann erklärte –
Und viele Zeugen waren mit dabei –:
Daß Herakles um dieses Mädchens willen
Den Eurytos und seine Stadt bezwang,
Das hochgetürmte Oichalía, und es habe Eros
Einzig unter den Göttern ihn betört,
Dies Werk der Lanze durchzuführen,
Und nicht die Dinge bei den Lydern und
Die Fronarbeiten unter Omphale,
Und nicht der Todessturz des Iphitos!
Den Eros aber läßt er jetzt
Beiseite und erklärt das Gegenteil.
Doch Herakles, als er den Vater nicht dazu vermochte,
Die Tochter ihm zu geben zu geheimem Bett,
Da machte er einen geringfügigen Anlaß
Und Streitpunkt sich zurecht und überfällt
Die Vaterstadt des Mädchens, in der, wie er sagte,
Der Eurytos als Herr den Thron besaß,
Tötet den Herrscher, ihren Vater, und zerstört
Die Stadt und kommt nun, wie du siehst, und sendet sie
In dieses Haus – nicht ohne Absicht, Frau,
Und nicht als Sklavin, das erwarte nicht!
Das wäre auch nicht glaublich, wo er so durchglüht ist von Verlangen!
Ich meinte nun, ich sollte dir die ganze Sache
Enthüllen, Herrin, wie ich sie von ihm vernahm.
Und dieses haben viele mitten auf dem Markt
von Trachis ebenso wie ich mit angehört,
Um ihn zu überführen. – Aber sag ich,
Was dir nicht lieb ist, freue ich mich nicht;
Was aber richtig ist, hab ich gleichwohl herausgesagt.

DEIANEIRA

Weh mir! ich Unglückliche! Wo steh ich nun?

Welches Unheil habe ich aufgenommen in
mein Haus,
Ahnungslos! Ich Arme! – War sie namenlos
Wie, der sie brachte, mir beschwor?
So überaus glanzvoll von Antlitz wie Gestalt!

MANN
Als Tochter einst des Eurytos hieß sie
Iole – von deren Herkunft *der da* gar nichts
Verlauten ließ: er hatte ja nicht nachgeforscht!

CHORFÜHRERIN
Mögen zugrunde gehn – nicht *alle* Schlechten,
Doch wer da heimlich schlimme Dinge
Betreibt, die seiner selbst unwürdig sind!

DEIANEIRA
Was soll ich tun, ihr Frauen? Durch diese Reden,
Wie sie jetzt vor mir stehen, bin ich ganz verstört!

CHORFÜHRERIN
Geh hin! befrag den Mann! Er wird gar bald
Klar reden, wenn du streng ihn verhören willst.

DEIANEIRA
Ich gehe, denn nicht unverständig ist dein Rat.

MANN
Und ich – soll ich hier warten? oder
Was soll ich tun?

DEIANEIRA
Warte! Denn ohne daß ich nach ihm schickte,
Kommt dort der Mann schon selber aus dem Haus.

LICHAS
(eilfertig aus dem Haus)
Was soll ich, Frau, komm ich zu Herakles, ihm sagen?
Erklär es. Denn ich gehe schon, wie du siehst.

DEIANEIRA
Was treibt es dich, der du so säumig kamst,
Nun weg in Eile, eh wir das Gespräch erneuert?

LICHAS

Nun, wenn du eine Auskunft wünschst, ich bin bereit.

DEIANEIRA

Willst du mir auch die Vollgewähr der Wahrheit geben?

LICHAS

Das bezeuge der große Zeus! Ja, soviel ich selber weiß.

DEIANEIRA

Wer also ist die Frau, die du hierher gebracht hast?

LICHAS

Euboierin. Woher sie stammt, kann ich nicht sagen.

MANN

Du da! schau hierher! Zu wem meinst du,
daß du redest?

LICHAS

Und du, wozu stellst du mir diese Frage?

MANN

Sage gefälligst, wenn du klug bist, was ich frage!

LICHAS

Zu der gebietenden Deianeira, Oineus' Tochter,
Gattin des Herakles, wenn ich nicht etwa
Wahnbilder sehe: meiner Herrin.

MANN

Grad dieses wollt ich, dieses von dir hören!
Du sagst, diese sei deine Herrin?

LICHAS

Wie sich's gehört.

MANN

Schön! Und was meinst du wohl, was für eine Strafe
dir gebührt,
Wenn sich ergibt, daß du ihr antust, was sich
nicht gehört?

LICHAS

Wie, ›nicht gehört?‹ Was machst du da für Winkelzüge?

MANN

Gar keine: du bist es, der dieses tut.

LICHAS

Ich gehe! Längst war ich ein Tor, dich anzuhören.

MANN

Nicht, ehe du Auskunft gibst auf eine kurze Frage.

LICHAS

Sprich, wenn's dich drängt! Schweigsam bist du
ja nicht.

MANN

Die Kriegsgefangene, die du in die Häuser
Geleitet hast: du weißt doch wohl...

LICHAS

Schön! wozu fragst du?

MANN

Hast du von dieser nicht – die du nicht kennen willst –
Behauptet, sie sei Iole, Eurytos' Tochter?

LICHAS

Vor welchen Menschen? Wer wird von woher
Kommen und dir bezeugen, daß er dies von mir gehört?

MANN

Vor vielen Bürgern, mitten auf dem Markt von Trachis
Hat es viel Volk von dir vernommen.

LICHAS

Nun ja!
Ich hätte es *gehört*, so sagte ich.
Doch es ist nicht dasselbe, eine
Vermutung äußern oder etwas streng behaupten.

MANN

Wieso ›Vermutung‹? Hast du nicht bei deinem Eid
Gesagt, als Gattin brächtest du sie her dem Herakles?

LICHAS

Als Gattin – ich? Sag, bei den Göttern, liebe Herrin:
Der da – wer denn in aller Welt ist dieser Mann?

MANN

Der mit dabeistand und von dir gehört hat, daß
Um der Begierde willen nach dieser Frau
Die ganze Stadt zugrunde ging, und kein
Lyderweib sie zerstört hat, nein, die Liebe
Zu diesem Mädchen, die ihn überkam.

LICHAS

Der Mensch da, Herrin, trete ab! Denn schwätzen
Mit einem Kranken, das ist nichts
Für einen Mann, der den Verstand beisammen hat!

DEIANEIRA

Nicht – bei dem Zeus, der von des Oita hoher Schlucht
Herniederblitzt! – stiehl mir hinweg das wahre Wort!
Denn keiner niedren Frau wirst du die Worte sagen,
Noch einer, die nichts wüßte von den Menschendingen:
Daß Freude nicht denselben stets erwächst.
Wer gegen Eros gar aufstehen will,
Gleichsam als Faustkämpfer zum Handgemenge,
Der denkt nicht recht. Denn dieser herrscht auch über Götter,
So wie er will, und mich gewiß! Wie nicht
Auch über andere, die sind wie ich? –
Und darum, wenn ich meinem Gatten,
Weil er von dieser Krankheit angefallen wurde,
Vorwürfe machen wollte: rasend wär ich;
Auch dieser Frau, die nicht mitschuldig ist
An irgend etwas Schändlichem noch mir
An etwas Schlimmem. Nein, unmöglich das!
Doch wenn du lügst, von jenem angeleitet,
So war die Anleitung nicht schön, die du befolgst.
Hast du dich aber selbst so unterwiesen,
So stehst du, wo du recht sein wolltest, da als schlecht.
So sage denn die ganze Wahrheit! Für den freien Mann
Ist, falsch zu heißen, ein Makel, der nicht schön ist.

Doch daß du unentdeckt bleibst, das wird
auch nicht sein.
Denn viele sind's, vor denen du gesprochen hast:
Die werden es mir sagen. Und hast du Furcht,
So zitterst du ganz ohne Anlaß. Denn
Das Nicht-Erfahren, das nur kann mich schmerzen,
Das Wissen aber – was ist daran furchtbar?
Hat nicht schon viele andere der *eine* Mann
Zu Frauen genommen, Herakles? Und noch hat keine
Von ihnen je ein böses Wort
Davongetragen oder einen Schimpf.
Und sie auch soll es nicht, und wenn sie ganz
In Liebe hinschmölze, da sie mich ja am meisten
Gejammert hat, als ich sie vor mir sah:
Daß ihre Schönheit ihr das Leben hat zerstört,
Und sie das Land, das väterliche, ungewollt,
Die Unglückliche, hat vernichtet und versklavt.
Doch dies, es ströme hin im Wehn des Windes!
Dir aber sag ich: sei du schlecht
Zu andern, vor mir aber allzeit ohne Falsch!

CHORFÜHRERIN

Folge ihr, die sie recht sprach! So wirst du
Auch später niemals diese Frau zu tadeln haben
Und bei mir Dank erwerben!

LICHAS

Nun, liebe Herrin! da ich sehe, wie du
Als Sterbliche das Sterbliche bedenkst
Und nicht uneinsichtsvoll, so will ich dir
Die ganze Wahrheit sagen und sie nicht verhehlen.
Ja, es ist so, wie dieser Mann da sagt.
Nach ihr hat ein gewaltiges Verlangen
Den Herakles durchdrungen einst,
und ihretwegen wurde
Zu vielfacher Verwüstung eingenommen

Die väterliche Stadt Oichalia mit dem Speer.
Und dies – denn auch zu seinen Gunsten muß ich sprechen –
Befahl er niemals zu verbergen und abzuleugnen,
Nein, selber, Herrin, in der Furcht, ich möchte
Dir weh tun in der Brust mit diesen Reden,
Hab ich gefehlt – wenn du dies als Verfehlung nimmst.
Doch da du nun die ganze Sache weißt,
So nimm, um seinet- und zugleich um deinetwillen,
Die Frau an, und laß die Worte, die du über sie
Gesprochen hast, als fortbestehende gesprochen sein!
Denn er, in allem andern Erster mit dem Arm,
Ist dem Verlangen nach ihr gänzlich unterlegen.

DEIANEIRA

Nun, wir sind so gesonnen auch, um dies zu tun.
Und keine neue Krankheit wollen wir
Von uns aus über uns herbeiziehen, indem wir
Zu unserem Unglück gegen Götter kämpfen. –
Doch gehen wir ins Haus, damit
Du Aufträge in Worten überbringst
Und, da es sich gehört, mit Gegengaben
Gaben entsprechend zu vergelten,
Daß du auch solche mit dir führst. Denn daß du leer
Hinziehst, es wäre nicht gerecht, da du
Doch auch gekommen bist mit so reichlichem Troß.
(sie gehen in das Haus)

CHOR

Groß die Gewalt, die Kypris davonträgt
Im Siege immer!
Die Geschichten aber von den Göttern
Übergeh ich, und wie sie den Kronos-Sohn
Betörte, sag ich nicht, noch den nächtlichen Hades
Oder Poseidon, den Erschütterer der Erde.
Aber als es um sie, Deianeira, ging

Als Gattin: welche waren es,
Die da mit starken Gliedern
Herunterstiegen zum Streit um die Hochzeit?
Welche, die heraustraten
Zu den schlägenerfüllten
Ganzumstäubten
Wettstreitkämpfen?

Da war der eine des Stromes Gewalt,
Des hochgehörnten, vierfüßigen,
Des Stieres Gestalt: der Acheloos
Von Oiniada her. Der andere aber
Kam von der bakchischen her,
Der Theba, den zurückschnellenden
Bogen und Lanzen und die Keule schüttelnd:
Der Sohn des Zeus,
Die stießen da mitten aneinander, des Bettes begehrend.
Und allein die wohlbettende in ihrer Mitte, Kypris,
Führte den Stab, dabeistehend.

Da war von Fäusten, war von Bogen
Ein Getöse, und darein gemengt
Von Stierhörnern.
Da waren umklammernde Ringergriffe,
Waren verderbliche Stöße der Stirnen
Und ein Gestöhn von beiden.
Und sie, mit lieblichem Antlitz, hold,
Saß dabei auf weithin leuchtendem Hügel,
Erwartend, wer ihr Gatte würde.
Wie eine Mutter will ich sprechen:
Es wartet das umkämpfte Auge
Der Braut erbarmenswürdig auf das Ende.
Und von der Mutter plötzlich ist sie abgekommen
Wie eine verlassene Jungkuh.

DEIANEIRA
(tritt aus dem Haus mit einer Dienerin, die einen Kasten trägt)
Während, Freundinnen, in dem Haus der Gast zum Abschied
Mit den gefangenen Mädchen spricht, bin ich
Heimlich zur Tür hinaus zu euch gekommen,
Teils um zu sagen, was ich mit den Händen
Hab zubereitet, teils um das, was man mir antut,
Mit euch zusammen zu beklagen.
Die Jungfrau nämlich – doch ich denke: nicht mehr Jungfrau,
Sondern bereits sein Weib –, sie hab ich aufgenommen,
So wie der Schiffer eine schwere Fracht,
Mir eingehandelt, ein schmählicher Lohn für meinen Sinn.
Und nun warten zu zweit wir unter einer Decke
Auf die Umarmung. Solcherlei hat Herakles –
Der Treue, Treffliche, wie er uns hieß! –
Als Haushaltslohn gesendet für die lange Zeit!
Doch ich – zwar zürnen kann ich nicht
Ihm, der so oft schon krank war an dieser Krankheit.
Doch wiederum im gleichen Haus zusammen
Wohnen mit *dieser* da: welch eine Frau
Vermöchte das, sich mit ihr teilend die gleiche Ehe!
Seh ich doch ihre Jugend vorwärtsschreiten,
Die meine aber hinschwinden. Die Blüte jener
Pflückt gern das Auge; hier wendet der Fuß sich ab.
Dies also fürchte ich: daß Herakles
Mein Gatte zwar wird heißen, doch der Jüngeren *Mann*.
Doch wie ich sagte: zürnen ist nicht schön
Bei einer Frau, die Einsicht hat. Worin ich aber
Eine befreiende Erleichterung, ihr Lieben, habe,
Dies will ich euch erklären.

Mir ward vor Zeiten einstmals ein Geschenk
Von dem uralten Untier, dem Kentauren, das
Ich barg in einem Krug von Erz. Als junge Frau
Noch habe ich es von dem Mordblut des Kentauren,
Des Nessos mit der dichtbehaarten Brust,
An mich genommen, als er starb.
Er pflegte durch das tiefe Wasser des Euenos-Stromes
Die Menschen gegen Lohn überzusetzen
Auf seinen Armen, weder mit befördernden
Rudern ausgreifend noch auch unterm Segel eines Kahns.
So trug er mich auch, als ich, von dem Vater
Entsandt, das erstemal mit Herakles
Als Jungvermählte fortzog, auf den Schultern.
Da, als er mitten in dem Flusse war,
Berührt er mich mit unverschämten Händen.
Ich schrie hell auf, da wandte sich der Sohn des Zeus
Und schickte den beschwingten Pfeil aus seinen Händen.
Der zischte durch die Brust ihm in die Lungen.
Und sterbend sprach das Untier noch so viel:
»Tochter des greisen Oineus! Großen Vorteil
Wirst du, wenn du mir folgst, von meinem Fährdienst haben,
Da ich als letzte dich hinübertrug.
Wenn du das ringsher um den Einschnitt meiner Wunde
Geronnene Blut mit deinen Händen fortnimmst,
Dort, wo mit schwarzer Galle das Gezücht
Der Lerneischen Wasserschlange
Die Pfeile hat getränkt, so wird dir dies
Ein Zauber werden für den Sinn des Herakles,
So daß er niemals eine andere Frau
Ansehen wird und lieben mehr als dich.«
Das fiel mir ein, ihr Lieben, – denn im Haus
Lag's wohlverschlossen seit des Nessos Tod –
Und also tränkte ich diesen Rock, unter Beachtung

Von allem, was er lebend mir noch angegeben.
Und das ist nun getan.
Auf schlimme aber und gewagte Künste
Möcht ich mich nicht verstehn, noch auch sie lernen,
Und Frauen, die solches wagen, hasse ich.
Doch wenn wir irgendwie durch einen Liebesbann
Und zauberische Einwirkung auf Herakles
Dies Mädchen überwinden könnten:
Anstalt getroffen ist dann für das Werk – wenn ich
Nicht etwa leichtfertig zu handeln scheine.
Wenn aber doch, so laß ich davon ab.

CHORFÜHRERIN

Nun, wenn Verlaß bei dem ist, was du tust,
So scheint es uns, du hast nicht schlecht geplant.

DEIANEIRA

Verlaß besteht soweit, als zwar der *Anschein*
Gegeben ist. Mit einer *Probe* hab ich mich noch nicht befaßt.

CHORFÜHRERIN

(sehr eindringlich)
Indessen, *wissen* mußt du, wenn du handelst ! Denn
Mag es den *Anschein* haben: *Kenntnis* –
Du hast sie *nicht*, solange die *Probe* fehlt.

DEIANEIRA

Nun, alsbald werden wir es wissen. Denn da seh ich diesen
Schon aus der Türe kommen, eilends bricht er auf.
Nur eines: sorgt, daß meine Sache
Von euch aus gut verborgen bleibe! Im Dunkeln
Wird nicht einmal, wer Schandbares verübt,
Darum in Schande fallen

LICHAS

Was soll ich tun? Erklär es, Kind des Oineus.
Denn säumig sind wir schon die lange Zeit.

DEIANEIRA

Nun, eben dies hat mich für dich beschäftigt, Lichas,
Während du drinnen mit den fremden Frauen sprachst:
Daß du mir dieses langgewobene Gewand
Dem Mann als Gabe bringst von meiner Hand.
Und gibst du's ihm, so sag: daß keiner von den Sterblichen
Vor ihm es umtun solle um den Leib,
Noch dürfe es weder das Licht der Sonne
Sehn noch ein heiliger Bezirk noch auch die Flamme
Eines Herdes, bevor er offen hingetreten
Vor aller Augen es den Göttern zeige
Am Tag der Stieropfer.
Denn so hab ich gelobt: seh ich ihn endlich, Herakles,
Gerettet wieder in die Häuser kommen,
Oder ich höre es: ganz so, wie sich's gebührt,
Wollte ich ausstatten ihn mit diesem Rock
Und ihn als Opferer den Göttern
Vorstellen neu im neuen Kleid.
Und dafür wirst du ihm ein Zeichen überbringen,
Das jener leicht verständlich hier auf diese Siegels
Umzäunung aufgeprägt erkennen wird. –
(Sie weist auf das Siegel, das auf dem Kasten angebracht ist.)
So geh und halt dich an die Regel: erstens, daß der Bote
Nicht darauf aus sei, Überflüssiges zu tun,
Dann sorge, daß sein Dank mit meinem eigenen
Vereint statt eines einfachen
Sich als ein doppelter für dich erweise.

LICHAS

Nun, wenn ich dies mein Botenamt verläßlich
Ausübe, werde ich es dir wahrhaftig
Nicht daran fehlen lassen, daß ich dies Gefäß,
So wie es ist, ihm bringe und vorzeige,

Und die Beglaubigung der Worte
Hinzufüge, wie du sie sprachst.

DEIANEIRA

So gehe denn. Weißt du doch auch genau,
Wie in den Häusern hier die Dinge stehn.

LICHAS

Ich weiß und werde sagen: es steht gut.

DEIANEIRA

Doch weißt du auch: die Aufnahme des fremden Mädchens –
Du sahst es, wie ich freundlich sie empfing.

LICHAS

So daß mein Herz vor Freude außer sich geriet.

DEIANEIRA

Was könntest du denn sonst noch sagen ...? Aber nein, ich fürchte,
Du könntest schon von meiner Sehnsucht sprechen,
Bevor du weißt, ob man auch dort nach uns sich sehnt.

(Lichas entfernt sich. Deianeira geht in das Haus.)

CHOR

O die ihr bei
Schiffslände und Fels
An den heißen Bädern und den Klippen
Des Oita wohnt,
Und ihr im Innern des Malischen Golfs
Und am Gestade der Jungfrau:
Artemis mit dem goldenen Pfeil,
Wo der Hellenen Versammlungen
Bei den ›Pforten‹ berufen werden:

Die schöntönende wird bald zu euch, die Flöte,
Heraufkommen wieder,
Nicht harschen Laut

Widertönend, sondern leiergleich
Den der göttlichen Muse.
Denn des Zeus und der Alkmene Sohn
Eilt, ausgestattet mit der Beute
Von jeglicher Tüchtigkeit, nach Hause.

Auf ihn, den ganz Heimatfernen,
Mußten wir warten
Die Zeit von zwei und zehn Monden,
Während er draußen war auf dem Meer,
Und wußten nichts von ihm.
Und sein eigenes Weib,
Ganz unglücklich, unglücklichen Herzens,
Allklagend immer
Verzehrte sich.
Doch jetzt hat Ares, der Kriegsgott,
Zur Kampfwut aufgestachelt,
Lösung gebracht
Von den qualvollen Tagen.

Er komme, komme herbei! Nicht stocke
Das ruderreiche
Gefährt des Schiffs ihm,
Bevor er zu dieser Stadt gelangt,
Den Opferherd auf der Insel
Verlassend, wo man ihn nennt
Als Opferer.
Von dorther komme er,
Den ganzen Tag
Von des Liebeszaubers Salbung
Durchdrungen nach
Der Weisung des Kentauren.

DEIANEIRA

(Erregt aus dem Haus)
Ihr Frauen! wie bangt mir, gar zu weit gegangen
Sei ich mit allem, was ich eben tat!

CHORFÜHRERIN

Was ist, Deianeira, Kind des Oineus?

DEIANEIRA

Ich weiß nicht. Aber mutlos bin ich, ob
Ich dastehn werde bald als eine, die
Ein großes Unheil angerichtet hat aus schöner Hoffnung.

CHORFÜHRERIN

Es hat doch nichts zu tun mit deinen Gaben
Für Herakles?

DEIANEIRA

Ja, eben das!
So daß ich keinem jemals raten möchte, seinen Eifer
Zu setzen an ein ungewisses Werk.

CHORFÜHRERIN

So sage, wenn du's sagen kannst, woher die Furcht?

DEIANEIRA

Etwas hat sich ereignet, das, wenn ich's berichte,
Ihr Frauen, euch als ein Wunder, unvorstellbar
Erscheinen muß. Denn womit ich vorhin das Kleid
Zum Anziehen für ihn hab' bestrichen:
Mit weißer Flocke eines Schafs von guter Wolle,
Das ist verschwunden, nicht verzehrt von irgend etwas
Im Hause, nein, zerfressen aus sich selber schwand es hin:
Zerbröckelte von oben wie morsches Gestein.
Damit du alles recht siehst, wie's geschah,
So spanne ich die Rede weiter aus.
Denn was an Weisungen das Halbtier, der Kentaur,
Sich quälend an dem bittren Pfeil in seiner Seite,
Mir aufgetragen hatte, davon ließ

Ich unbeachtet nichts, sondern bewahrte
Es wie die schwer hinwegwaschbare Schrift
Auf einer ehernen Tafel. Und es war
Mir dieses vorgeschrieben, und so tat ich es:
Die Salbe sollte ich weit weg vom Feuer und
Von keinem heißen Strahl berührt im hintersten
Winkel des Hauses immer aufbewahren, bis ich sie
Frisch angerührt auftrüge irgendwo.
Und ich tat so. Jetzt aber, als ich handeln mußte,
Nahm ich die Salbung vor im Haus, verborgen im Gemach,
Mit einem Büschel Wolle, das ich einem Schaf
Von unsrer Herde ausriß, legte das Geschenk
Zusammengefaltet, von dem Licht der Sonne
Entfernt, in einen hohlen Kasten, wie ihr saht.
Doch, wieder in das Haus gekommen, seh ich nun
Ein Ding, unfaßbar, unbegreiflich
Für einen Menschen zu verstehen.
Da hatte ich das Stückchen Wolle von dem Schaf,
Mit welchem ich die Salbung vorgenommen,
Irgendwie achtlos hingeworfen,
Grad mitten in den Lichtschein, in den Strahl der Sonne.
Und wie sich's nun erwärmte, da zerfließt
Das Ganze formlos und zerbröckelt auf dem Boden,
Dem Aussehn nach am ehesten vergleichbar,
Wie du die Späne wohl von einer Säge
Bemerken kannst, wo Holz geschnitten wird.
So lag es da, in sich zusammengefallen, und aus der Erde,
Wo es gelegen, brodeln klumpige Schäume auf,
Wie wenn der blauen Herbstfrucht fetter Trank
Geschüttet wird zur Erde von des Bakchos Weinstock. –
So weiß ich Arme nicht, wohin im Denken ich
Mich werfen soll. Ich sehe: eine Tat,
Eine entsetzliche hab ich getan!

Warum auch sollte – und wofür – das Tier im Tod
Wohlwollen mir erweisen, ihr, für die es starb?
Unmöglich, nein! nur weil es Herakles, ihn, der es traf,
Vernichten wollte, hat es mich betört –
Wovon nur allzu spät, wo's nicht mehr hilft,
Mir die Erkenntnis kommt.
Denn einzig *ich* – wenn ich mich denn nicht täusche
In meiner Meinung –, *ich* Unselige werde ihn vernichten.
Der Pfeil, der traf, ich weiß, hat selbst den Gott,
Cheiron, beschädigt, und sie alle, die er
Auch nur berührte, die Untiere, vernichtet' er.
Und daher: dieser schwarze Saft im Blute, der
Aus seiner Wunde quoll, wie sollte er
Vernichten nicht auch ihn? So, wie *ich's* sehe: ja.
Jedoch, beschlossen ist es: wird er fallen,
Unter dem gleichen Schlage mit ihm sterb' auch ich zugleich.
Denn leben im Verruf – nicht auszuhalten,
Wenn eine es für wert hält, nicht von niedrer Art zu sein.

CHORFÜHRERIN

Furcht ist bei schlimmen Dingen unausweichlich.
Doch über das, was noch zu hoffen ist,
Darf man kein Urteil fällen vor dem Ausgang.

DEIANEIRA

Es gibt keine bei den Dingen, die ungut geplant sind,
Keine Hoffnung, die noch Zuversicht verleihen könnte!

CHORFÜHRERIN

Jedoch bei denen, welche nicht mit Vorsatz
Verfehlt gehandelt haben, ist der Vorwurf milder.
Das darfst du auch für dich in Anspruch nehmen.

DEIANEIRA

So reden kann *der* nicht, der an dem Übel teilhat!
Nein, *der* nur, der im Haus nichts hat, was ihn beschwert.

CHORFÜHRERIN
Besser, du schweigst, anstatt weiter zu reden!
Falls du's nicht sagen willst dem eignen Sohne. Denn
Er ist zurück, der auf die Suche nach dem Vater ging.
(Hyllos tritt auf.)

HYLLOS
O Mutter! von drei Dingen möchte ich dir Eines wünschen:
Entweder daß du nicht mehr lebtest oder, wohlbehalten,
Von einem anderen die Mutter hießest oder
Daß du dir einen besseren Sinn, als dieser, den
Du jetzt hast, eintauschtest von irgend woher!

DEIANEIRA
Was ist, mein Sohn, an mir so hassenswert?

HYLLOS
Den Mann, den deinen, wisse! meinen Vater
Sag ich, hast du getötet heut an diesem Tag!

DEIANEIRA
Weh mir! welch Wort, mein Kind, sprichst du da aus?

HYLLOS
Eins, dem unmöglich die Erfüllung fehlt. Denn was
Zutage trat, wer könnte es ungeschehen machen?

DEIANEIRA
Wie sprachst du, Sohn? Von welchem Menschen hörtest du:
Ein solches nicht beneidenswertes Werk hätt ich getan?

HYLLOS
Selbst habe ich das schwere Mißgeschick des Vaters
Gesehn vor Augen, nicht nur sagen hören.

DEIANEIRA
Und wo trafst du den Mann und tratest zu ihm?

HYLLOS
Wenn du es wissen mußt, so muß ich alles sagen.
Als er dahinzog, nachdem er die Stadt

Des Eurytos zerstört hatte, und mit sich führte
Die Siegtrophäen und die Beute, –
Es ist da meerumflutet auf Euboia ein Gestade,
Das Kap Kenaion, wo er Zeus, dem Gott der Väter,
Altäre absteckte und einen heiligen belaubten Hain:
Dort war's, wo ich zuerst ihn wiedersah,
Willkommen meiner Sehnsucht.
Doch als er gerade im Begriffe war,
Die opferreichen Schlachtungen ins Werk zu setzen,
Da traf von Hause her sein eigener Herold ein,
Lichas, mit deiner Gabe, dem tödlichen Kleid.
Dies legt er an, so wie du vorgeschrieben, und beginnt
Die Stierschlachtungen mit zwölf makellosen
Rindern als Erstlingsgabe von der Beute.
Jedoch im ganzen brachte er zusammen
Hundert vermischte Stücke Viehs herbei.
Und anfangs betete der Arme heiteren Sinns
Und sich des Schmuckes freuend und des Kleids.
Als aber zu dem feierlichen Dienst die Flamme
Aufloderte, genährt vom Blut und fetten Holz,
Brach Schweiß ihm aus dem Leibe. Und es schmiegte
An seine Seiten sich, fest angeleimt
So wie von einem Handwerksmann, das Kleid
Hin über jedes seiner Glieder. Und es kam
Beißend ein Schmerz, der riß an seinen Knochen. Dann
Fraß es an ihm, so wie das Gift
Von einer mörderischen, feindseligen Natter.
Da schrie er nach dem unglücklichen Lichas,
Dem ganz unschuldigen an deiner Tat:
Mit welchen Tücken er ihm dieses Kleid gebracht?
Der wußte nichts, der Unglücksmann: allein von dir,
sprach er,
Sei's ein Geschenk, ganz so, wie es entsendet wurde.
Und jener, wie er's hört und ihm mit Stechen

Der Krampf an seine Lungen griff,
Packt ihn am Fuß, wo das Gelenk sich dreht,
Und schleudert ihn auf einen Felsen in der Brandung
Des Meers, und aus dem Haar floß weiß hervor das Hirn
Mitten aus dem geborstenen Schädel und Blut zugleich.
Und alles Volk schrie auf mit Weherufen:
Der eine krank, der andere umgebracht.
Und keiner wagte es, dem Mann
Vor's Angesicht zu kommen. Denn es riß ihn
Zu Boden und dann wieder hoch hinauf:
Schreiend, heulend, und es erdröhnten rings die Felsen,
Die Vorsprünge der Lokrer-Berge und Euboias Klippen.
Doch als der Arme abließ von dem vielen
Sich hin zu Boden Werfen, vielen
Brüllen mit Wehgeschrei:
Das unglückliche Beilager des Betts verwünschend
Mit dir, der Elenden, und die Verschwägerung
Mit deinem Vater Oineus: welchen
Verderb des Lebens sie ihm eingebracht –,
Da nun erhebt er aus dem Qualm, der ihn
Umlagert, den verrenkten Blick, sieht mich
Tränen vergießend in dem großen Haufen
Und blickt mich an und ruft:
»Mein Sohn, komm zu mir! Fliehe nicht vor meinem Übel,
Und wenn du auch mit mir, dem Sterbenden,
Zusammen sterben müßtest. Nein,
Trag mich hinweg und lege mich am liebsten
Dort nieder, wo mich keiner sehen wird der Sterblichen.
Doch hast du Mitleid, nun, so setze mich über,
Hinweg nur wenigstens aus diesem Land,
So schnell es geht, damit ich hier nicht sterbe.«

Soviel trug er uns auf. Da legten wir ihn
Mitschiffs in einen Kahn und konnten nur
Mit Mühe anlaufen hier dieses Land
Mit dem in Krämpfen Stöhnenden. Gleich werdet ihr
Ihn sehn: sei's noch am Leben oder
Sei's grad gestorben. – Solche Dinge, Mutter,
Hast gegen meinen Vater du geplant
Und ausgeführt, erwiesen ist's. Und dafür soll
Die sühnefordernde Göttin des Rechts
Dich büßen lassen und die Rächerin Erinys.
Dies wünsche ich dir an – wenn's rechtens ist.
Doch *ist* es rechtens, denn *du* hast das Recht mir hingeworfen,
Die du den besten Mann von allen auf der Erde
Getötet, wie du keinen andern sehn wirst je!
(Deianeira wendet sich stumm ab, um ins Haus zu gehen.)

CHORFÜHRERIN
(während Deianeira sich entfernt)
Was gehst du schweigend? Weißt du nicht, daß du
Dem Ankläger zustimmst mit deinem Schweigen?

HYLLOS
Laßt die nur gehen! Mag ein schöner Wind
Ihr wehen, geht sie nur hinweg aus meinen Augen!
Was muß sie leer den Stolz des Mutternamens nähren,
Wenn sie nicht so wie eine Mutter handelt?
Sie gehe und gehab sich wohl! – Die Lust jedoch,
Die sie schafft meinem Vater: diese mag sie selber haben!

CHOR
Seht, Mädchen, wie eintraf alsbald
Das Wort, das gottgesagte, uns
Der einst verkündeten Voraussicht.
Es sagte: wenn mit vollem Monat
Ausliefe das zwölfte Jahr der Feldbestellung,

So werde es beenden
Die Belastung mit Mühsalen
Für des Zeus echtbürtigen Sohn.
Und dies treibt aufrecht, unumstößlich
Ans Ziel.
Denn wie sollte der, der nicht mehr blickt,
Noch je die mühselige Dienstbarkeit
Der Mühen haben im Tode?

Wenn ihm des Kentauren listspinnender Zwang
Mit tödlicher Wolke salbt die Seiten,
Wo anschmolz das Gift,
Das gezeugt hat der Tod
Und genährt die ringelnde Schlange:
Wie sollte dieser noch eine andere Sonne
Als die heutige sehn, der mit dem schrecklichen
Der Hydra verschmolzen ist, dem Saft?
Und des schwarzmähnigen zugleich
Schänden ihn, des Nessos,
Tödliche, tückischer Worte
Aufsiedende Stacheln.

Davon hat diese Arme,
Da sie großen Schaden ohne Zaudern
Nahen sah den Häusern
Von neuen, herstürmenden Hochzeiten,
Das eine selbst sich zugezogen;
Das andere, das aus fremder Meinung gekommen
In verderblichem Umgang:
Ja, das beklagt sie verzweifelt,
Ja, das benetzt sie
Mit dem blassen Tau
Reichlicher Tränen.
Das herankommende Schicksal aber

Macht offenbar das listige
Und große Verhängnis.

Ausbrach der Quell der Tränen!
Es ergoß sich eine Krankheit – oh popoi! –
So wie von Feinden noch niemals
Über den hochberühmten,
Des Zeus Sohn, gekommen ist
Ein Leiden zum Erbarmen.
I-oh! Schwarze Spitze
Des vorkämpfenden Speers!
Die du soeben geschwind
Als Braut von der steilen Oichalia
Dies Mädchen herbeigeführt hast
Mit deiner Schärfe.
Doch die geschäftige Aphrodita
Hat sich lautlos offenbart
Als Anstifterin dieser Dinge.
(Im Haus ein zunächst leiser, dann stärkerer Weheruf)

EINZELNE AUS DEM CHOR

– Ist's Wahnvorstellung? oder hör' ich da
Ein Jammern eben aus dem Hause dringen?

– Was sag ich?
Es läßt ertönen jemand
Keinen nur unbestimmten,
Nein, den Jammerruf des Unglücks drinnen!
– Ja, etwas Neues ist geschehn im Haus!

– Hab acht:
Wie düster und die Augenbrauen zusammengezogen
Da diese Alte auf uns zukommt und etwas melden will.

AMME

O Mädchen!
Wie wurde uns zum Ursprung nicht geringer Übel
Die Gabe, die dem Herakles ward übersandt!

CHORFÜHRERIN

Von welchem Neu-Getanen sprichst du, Alte?

AMME

Gegangen ist Deianeira den allerletzten
Von allen Wegen, unbewegten Fußes.

CHOR

Doch nicht so, daß sie starb?

AMME

Alles
Hast du gehört.

CHOR

Tot ist die Arme?

AMME

Du hörst es zum zweitenmal.

CHOR

Die Arme, Unglückselige! Auf welche Art
Ist sie gestorben? Sage es!

AMME

Aufs schrecklichste,
Blickt man auf das, wie sie's vollführte!

CHOR

Sprich! Welchem Tode, Frau,
Hat sie sich zugesellt?

AMME

Selbst hat sie sich vernichtet...

CHOR

Welch Rasen oder welche Verwirrungen
Haben mit der Schärfe eines bösen
Geschosses sie hinweggerafft?
Wie ersann sie zu dem Tod den Tod –

Und vollbrachte ihn
Für sich allein?

AMME

Mit dem Schnitt
Des stöhnenbringenden Eisens!

CHOR

Und du sahst zu, Hilflose, der Gewalttat?

AMME

Zu sah ich, stand ich doch nah dabei.

CHOR

Wer stand ihr bei? und wie? Auf, sage es!

AMME

Selbst aus sich selbst mit ihren eigenen Händen tat sie es.

CHOR

Was redest du?

AMME

Eindeutiges!

CHOR

Es gebar, gebar
Sie, die neu erstandene Braut,
Diesen Häusern eine große
Rachefordernde Erinys!

AMME

Nur allzusehr! und hättest du dabeigestanden,
Und aus der Nähe es gesehn, wie sie's getan,
Es hätte dich gewiß noch mehr erbarmt.

CHORFÜHRERIN

Und eine Frauenhand vermochte dieses auszuführen?

AMME

Entsetzlich, ja! Doch sollst du es vernehmen,
So daß du selbst es mir bezeugen kannst.
Denn als sie in das Haus gekommen war, allein,
Und ihren Sohn im Hof ein eingetieftes Tragbett

Aufschlagen sah, daß er den Weg zurück
Entgegen gehe seinem Vater, da
Verbarg sie sich, dort wo sie niemand sehen konnte,
Warf sich an den Altären nieder und schrie auf,
Daß sie verlassen sei, und weinte, wenn
Sie irgend eins berührte der Geräte,
Die sie gebraucht hatte, die Elende, zuvor.
Und hier- und dorthin durch die Räume irrend,
Wenn die Gestalt sie sah von einem ihrer Diener,
So weinte die Unselige bei dem Anblick,
Ihr eigenes Geschick beklagend und: wie künftig
Fremden werde anheimfallen der Haushalt.
Und als sie damit aufhört, sehe ich sie plötzlich
Hineinstürzen ins Schlafgemach des Herakles.
Doch ich, mein Auge insgeheim verborgen
Im Schatten, hatte acht. Da sehe ich die Frau
Decken gebreitet werfen auf das Bett
Des Herakles. Und wie sie dies geendet hatte,
Sprang sie oben hinauf und setzte sich
Nieder inmitten auf dem Ehebett,
Und ausbrechend in eine heiße Flut von Tränen,
Sprach sie: »O Lager ihr und du mein Brautgemach!
Für künftighin gehabt euch wohl! Denn niemals mehr
Werdet ihr mich empfangen, daß ich in euch schlafe!«
Als sie soviel gesprochen hatte, löst
Sie mit gestraffter Hand ihr Kleid, dort wo
Die goldgetriebene Spange vor den Brüsten lag,
Und machte frei die ganze Seite und den Arm,
Den linken, und ich rannte
So rasch ich nur vermochte und berichte
Dem Sohn von ihr: was sie da unternahm.
Und in der Zeit, daß ich dorthin und wir
Zurückgeeilt sind, sehen wir, wie sie
Mit einem zweischneidigen Schwert die Seite

Unter der Leber und dem Zwerchfell sich
Durchstoßen hatte. Als der Sohn es sah,
Stöhnte er auf, denn er erkannte,
Der Arme, daß mit seinem Zorne er
Veranlaßt hatte diese Tat, zu spät
Belehrt von denen in dem Haus, daß sie
Ungewollt nach der Weisung des Kentauren
Dieses getan. Ja, und da ließ der Sohn,
Der Unglückselige, es nicht fehlen
An Klagerufen, um sie jammernd
Und sich mit Küssen auf sie werfend,
Nein, Seite angeschmiegt an Seite, lag er
Und stöhnte vielfach auf, wie er
Sie leichtfertig mit schwerem Vorwurf traf,
Weinend, daß beiderseits zugleich: vom Vater wie
Von ihr auch, er verwaist sein werde in dem Leben. –
So steht es hier im Haus! Darum: wenn einer
Mit zwei oder wohl gar mehr Tagen rechnet:
Leichtfertig ist er! Denn da ist kein Morgen,
Bevor nicht einer hinter sich gebracht
Mit gutem Glück den gegenwärtigen Tag.
(Die Amme geht zurück ins Haus.)

CHOR

Welches der beiden Lose beklag ich zuerst?
Welches der beiden ist schmerzlich darüber hinaus?
Schwer zu entscheiden für mich Arme!

Das eine *haben* wir, daß wir es sehn, im Haus,
Auf das andere harren wir in Erwartungen:
Zusammen fallen Haben und Bevorstehn!

Wenn stürmisch doch
Käme über des Hauses Herd
Ein guter Wind,

Der hinweg mich siedelte von dem Platze,
Daß ich vor Angst nicht stürbe, wenn
Ich des Zeus streitbaren Sohn
Auch nur sähe plötzlich!
Denn in schwer abwendbaren Schmerzen
Komme er, sagen sie, vor das Haus,
Ein unsägliches Schrecknis!
(Im Hintergrund ein Geräusch von Schritten)

Doch nah schon ist und nicht mehr weit
Das, was ich zuvor habe beklagt,
Wie eine schrillstimmige Nachtigall.
Denn fremder Männer fremdartiger Schritt
Ist dies. Und wie hinwieder trägt man ihn?
Wie für einen Lieben sorgend
Bewegen sie gedämpft
Den schweren Schritt.
A-i! a-i! Und er, so stumm
Wird er herbeigetragen?
Wie? müssen wir tot ihn oder
Im Schlaf befangen denken?
(Es erscheint ein Zug von Männern, die den schlafenden Herakles auf einer Bahre tragen, angeführt von einem alten Mann.)

HYLLOS
O mir! ich! um dich, Vater!
O mir! ich! um dich leidend!
Wie wird mir? was kann ich ersinnen?
O mir!

ALTER
Still, Kind! daß du nicht aufregst
Die wilde Pein in dem rauhgesonnenen Vater!
Er lebt, hingesunken.

Doch halte an dich, dir
Verbeißend den Mund!

HYLLOS
Was sagst du, Alter? Ja? er lebt?

ALTER
Nicht wecke auf den vom Schlaf Befallenen
Und rege nicht auf und laß erstehen
Die schwelende, entsetzliche
Krankheit, o Kind!

HYLLOS
Doch auf mir Armem lastet
Eine Schwere unermeßlich!
Verstört ist mein Sinn!

HERAKLES
(erwachend)
O Zeus!
Wohin auf Erden
Bin ich gekommen?
Bei welchen der Sterblichen liege ich,
Gequält von unstillbaren Schmerzen?
O mir! mir! ich Armer!
Und wieder beißt sie mich, die Arge! weh mir!

ALTER
(zu Hyllos)
Siehst du nun, welcher Gewinn
Es war, dich in Schweigen zu bergen
Und nicht zu zerstreuen
Diesem den Schlaf
Vom Haupt und den Wimpern?

HYLLOS
Ich weiß nicht, wie ich mich darein schicke,
Zu sehen dieses Übel!

HERAKLES
O Keneischer Felsen, Sockel der Altäre!

Welch einen Dank für welche Opfer
Hast du mir Elendem erstattet –
O Zeus! –
Welch eine Schmach hast du mir gebracht,
Welch eine?
Daß ich sie niemals gesehen hätte,
Ich Armer, mit Augen:
Daß ich diese unbesänftigbare,
Des Wahnsinns Blüte erblicken mußte!
Denn wer ist der Zaubersänger, wer
Der Meister der Heilkunst, der da dies
Verderben, außer Zeus allein,
Besänftigen wird?
Ein Wunder das – von ferne nur seh ich es.
(man bemüht sich um ihn, der sich halb aufgerichtet hat)
He e!
(kurz gestoßener Klagelaut)
Laßt mich! laßt mich, den Unglückseligen, ruhen!
Laßt mich, den Unglückseligen ruhn!
Wie faßt du mich an? wohin beugst du mich?
Du bringst mich um! bringst mich um!
Auf störst du, was schon die Augen schloß!
Ototototoi!
Greift sie doch wieder nach mir, schleicht wieder heran!
(sich zu den Umstehenden wendend)
Woher seid ihr,
O unter allen Hellenen ihr ungerechtesten Männer!
Denen ich viel auf dem Meer und in den Dickichten allen
Reinigend mich verzehrte, ich Armer! Und nun, da ich krank bin,
Will kein Feuer, kein Schwert einer mehr zum Heil an mich legen!
He e!
Und keiner will, herbeigekommen,

Herunterschmettern mir mit Gewalt
Das Haupt dem Abscheulichen – weh! weh!

ALTER

O du Sohn dieses Manns! Dies Werk erhob sich zu Größerem
Als meiner Kraft entspräche. Doch du greif zu! Dir ist Kraft
Mehr gegeben zu retten als mir!

HYLLOS

So will ich ihn fassen.
Aber ein leidvergessenes Leben, befreit von den Schmerzen,
Kann ich nicht draußen, nicht drinnen verleihn. Solche Dinge teilt Zeus zu!

HERAKLES

O Sohn! Sohn! Wo bist du?
Fasse hier mich, hier mich und hebe mich –
He e! I-oh Daimon!
Und wieder springt sie, springt sie mich an,
Die widerwärtige, die mich zerstört,
Die unnahbare, wilde Krankheit!
I-oh! i-oh, Pallas! Da foltert's mich wieder – i-oh Sohn!
Deines Erzeugers erbarm dich: kein Arg liegt drauf, wenn du das Schwert ziehst!
Triff mich unter dem Hals und heile das Weh, mit welchem
Mich deine Mutter ergrimmt hat, die Gottlose, die ich so sehn will,
So, ganz so gestürzt, wie sie mich traf! – O süßer Hades!
O du Bruder des Zeus: zur Ruhe bring mich! zur Ruhe,
Mit schnell beschwingtem Todeslos
Den Elenden vernichtend!

CHORFÜHRERIN

Mir schaudert, hör ich dieses Unglück, o ihr Lieben,
Des Herrn, von welchem er – was für ein Mann – wird umgetrieben!

HERAKLES
O der ich viele schon und heiße und –
Nicht nur dem Wort nach! – schwere Dinge
Mit Armen und mit Rücken mühsam hab vollbracht –
Doch solches hat noch nicht: weder des Zeus Gemahlin
Noch der verhaßte Eurystheus mir angetan,
Wie dieses nun die list-blickende Oineus-Tochter
Geknüpft um meine Schultern hat, dies Netz,
Von Rachegöttinnen gewoben, in dem ich verderbe!
Denn an den Seiten klebend hat es weggefressen
Bis in das Innerste mein Fleisch, es schlürft,
Mir einwohnend, der Lunge Röhren aus
Und hat mein frisches Blut schon ausgetrunken,
Und durch und durch zerstört bin ich am ganzen Leib,
Niedergemacht von dieser unsäglichen Fessel!
Und dies hat keine Lanze in dem Feld
Noch auch die erdgeborene Heerschar der Giganten
Noch eines Tiers Gewalt noch Griechenland
Noch ein Land fremder Zunge noch sonst eins, soweit
Ich über die Erde bin als Reiniger gekommen,
Mir jemals angetan! Nein, eine Frau,
Als Weib geboren, nicht von Mannes Art,
Allein hat nun mich überwältigt, ohne Schwert!
(zu Hyllos gewandt)
Mein Sohn! sei wahrhaft du mein angestammter Sohn und achte nicht
Der Mutter Namen höher! Gib sie,
Mit deinen Händen aus dem Haus geschafft,
Mir in die Hand, sie, welche dich geboren,
Damit ich sicher weiß, ob mehr dich schmerzt,
Meine geschändete Gestalt zu sehen als die ihre,
Wenn sie, wie sie's verdient hat, böse zugerichtet wird. –
Geh Kind! gewinn es über dich! Erbarm dich meiner,
Der vielen mitleidwürdig ist: der ich

So wie ein Mädchen flenne, wehklagend,
Und *dieses* – kann doch keiner sagen, daß er *diesen* *Mann*
Jemals zuvor gesehn hat, daß er *dies* getan!
Nein, ohne Stöhnen bin ich stets gefolgt den Übeln.
Jetzt aber findet sich's, wie da aus mir,
Aus einem solchen Mann ein Weib geworden, – ich Unseliger! –
Und nun, komm her! Tritt dicht heran zu deinem Vater
Und schaue, was das für ein Schicksal ist,
Durch das mir dieses widerfuhr.
Denn zeigen will ich *dies hier* ohne Hüllen!
(er wirft die Decken ab)
Da! da! Betrachtet alle den elenden Leib!
Seht den Unseligen: wie erbärmlich
Es um mich steht.
Ai! ai! ich Armer! Ai! ai!
Da brannte dieser, des Verderbens Krampf,
Grad wieder auf, durchdrang die Seiten, und nicht ungequält
Läßt mich, so scheint es, die unselige
Fressende Pest!
O Herrscher Hades, Gott der Toten! nimm mich auf!
O Wetterstrahl des Zeus, schlag zu!
Fahre herein, Herr! schmettre nieder das Geschoß
Des Donners, Vater! Denn da frißt sie wieder,
Blüht auf, fährt los! – O Hände! Hände!
O Rücken und Brust! O ihr meine Arme!
Ihr, *die hier*, seid dieselben, die einst ihn,
Der in Nemea hat gehaust, der Hirten Plage:
Den Löwen, das unnahbare Gezücht,
Das unansprechbare, mit Macht
Habt überwältigt, und die Wasserschlange
Von Lerna und das zwiegestaltige, ungastliche,

Roßbeinige Volk der Kentauren,
Gewalttätig, gesetzlos, übermäßig
An Kraft; das Erymantische Untier und, unter der Erde,
Des Totenreiches dreiköpfigen Hund,
Das Ungeheuer, gegen das nicht anzukämpfen war,
Der schrecklichen Echidna Brut, und ihn, der goldenen
Äpfel Hüter, den Drachen, an dem Rand der Welt.
Noch andre Mühsale, zehntausende,
Habe ich ausgekostet, und keiner hat je
Zeichen des Siegs errichtet über meine Hände.
Doch jetzt, ungelenk und zerfetzt, bin ich
Von einem blinden Unheil ganz und gar verwüstet, ich Armer!
Ich, der ich Sohn der besten Mutter bin genannt,
Der Sohn des Gotts im Sternbereich, des Zeus, gerufen!
Doch wahrlich, dieses wisset wohl: bin ich auch ein Nichts
Und kann ich auch nicht kriechen: sie, die dies getan,
Ich bring sie um, auch so! Sie komme nur,
Damit sie gründlich lerne, allen zu vermelden,
Daß wie im Leben, also auch im Tode
Ich stets die Schlechten es hab büßen lassen!

CHORFÜHRERIN

O armes Hellas! Welche Trauer seh ich
Dich haben, wenn du dieses Mannes wirst beraubt!

HYLLOS

Da du mir, Vater, Gegenrede hast gewährt,
Gewähre mir dein Schweigen auch und hör mich an,
So sehr du krank bist. Denn ich will dich bitten
Um etwas, das gerecht ist zu erlangen.
Gib dich mir: nicht so zornig, wie es dich
Im Mute beißt, denn sonst erkennst du nicht,
Was das für Dinge sind, an denen
Du Schmerzen leidest ohne Grund.

HERAKLES
Sprich, was du willst, und höre auf! Krank wie ich bin,
Versteh ich nichts von dem, was du da rätselst, längst!

HYLLOS
Ich bin dabei, von meiner Mutter dir zu sagen,
In welcher Lage sie jetzt ist und worin
Sie sich verfehlt hat ungewollt.

HERAKLES
Ganz Schlechter du! und du erwähnst da wieder
Die vatermörderische Mutter, daß ich's höre?

HYLLOS
Steht es doch so um sie, daß sich nicht ziemt zu schweigen.

HERAKLES
Gewiß nicht, nein! nach dem, was sie zuvor verbrach!

HYLLOS
Auch nicht nach dem, was heut geschah, wirst du das sagen.

HERAKLES
Rede! Doch sieh dich vor, daß du
Nicht als ein Mensch von übler Art erscheinst.

HYLLOS
Ich sage: eben starb sie, frisch dahingeschlachtet.

HERAKLES
Von wem? Ein ungeheuerliches Ding
Verkündest du mit Worten, die auf Schlimmes deuten!

HYLLOS
Selbst durch sich selbst, von keinem Fremden.

HERAKLES
O mir!
Bevor sie starb, wie sie gesollt, von meiner Hand?

HYLLOS
Auch dein Zorn wird sich wenden, wenn du alles hörst.

HERAKLES

Ein starkes Wort der Anfang! Sage, wie du's meinst.

HYLLOS

So ist die Sache:
Sie fehlte, und hat Gutes doch gewollt.

HERAKLES

Gutes, du Schlechtester! hat sie getan,
Indem sie deinen Vater tötete?

HYLLOS

Im Wahn, dir einen Liebeszauber beizubringen,
Verfehlte sie's, als sie die Ehen vor sich sah im Haus.

HERAKLES

Und wer ist ein so großer Kräuterkundiger in Trachis?

HYLLOS

Nessos einst, der Kentaur, beredete sie,
Mit solchem Mittel zu entfachen dein Verlangen.

HERAKLES

I-hu! i-uh! Unseliger! Ich bin hin, ich Armer!
Verloren ich, verloren! Kein Licht mehr ist für mich!
O mir! klar seh ich nun, wo ich im Schicksal stehe.
Geh hin, Kind – denn dein Vater ist nicht mehr –:
Rufe den ganzen Samen mir: deine Geschwister,
Ruf mir die unglückselige Mutter Alkmene, die für nichts
Mit Zeus das Lager teilte, damit ihr
Vor meinem Ende die Verkündigung vernehmt
Der Göttersprüche, die ich weiß.

HYLLOS

Doch deine Mutter ist nicht hier, nein, am Gestade
Von Tiryns hat sie ihren Wohnsitz jetzt.
Und von den Kindern nahm sie mit sich
Die einen und ernährt sie dort, und von den andern
Magst du erfahren, daß sie Thebes Stadt bewohnen.
Wir aber, die wir hier sind, Vater, wollen hören,
Wenn etwas not zu tun ist, und dir dienen.

HERAKLES

So höre, was zu tun ist. Du bist dorthin
Gekommen, daß du zeigst, als Mann von welcher Art
Du bist mein Sohn genannt.
Denn es war mir vorhergesagt vom Vater einst,
Daß ich durch keinen, der da atmet, sterben würde,
Sondern durch einen, der, im Tod dahingeschwunden,
Des Hades Hausgenosse sei.
Und also hat dies Untier, der Kentaur,
So wie der Götterspruch vorhergesagt war,
Mich so, den Lebenden, im Tod getötet.
Und zeigen will ich, wie übereinstimmen mit diesen
Die neuen Sprüche, zu den alten stimmend,
Sie, die ich, eingetreten in den Hain
Der bergbewohnenden und auf der Erde
Schlafenden Priester von Dodona,
Von meines Vaters Eiche, der in vielen
Zungen redenden, dort mir niederschrieb:
Die für die Zeit, die lebt und die jetzt ist,
Mir sagte, daß der Mühen, die mir auferlegt sind,
Eine Erlösung mir vollendet würde.
Und ich vermeinte, es werde mir wohlergehn. Jedoch
Dies war nichts anderes, als daß ich sterbe.
Denn die Gestorbenen kommt keine Mühsal an.
Da dieses nun so klar zusammenkommt, mein Kind,
So mußt du *diesem Mann* Mitstreiter sein
Und nicht durch Zögern schärfen meinen Mund,
Nein, selbst dich fügen und mithandeln als
Einer, der für die schönste Regel hält:
Gehorsam sein dem Vater!

HYLLOS

Zwar bangt mir, Vater, steh ich nun vor diesem
Aufruhr des Worts. Doch will ich tun, was du beschließt.

HERAKLES
Leg deine rechte Hand zu allererst in meine.
HYLLOS
Was dringst du – gar zu sehr! – auf diese Bekräftigung?
HERAKLES
Willst du sie wohl gleich reichen und dich mir nicht widersetzen?
HYLLOS
Da sieh! ich gebe sie, und keine Weigerung.
HERAKLES
Schwöre nun bei dem Haupt des Zeus, der mich erzeugt hat.
HYLLOS
Was denn zu tun? Wär nicht auch das zu sagen?
HERAKLES
Das Werk, das ich dir auftrage, mir zu vollbringen.
HYLLOS
Ich schwör es, nehme Zeus zum Eideszeugen.
HERAKLES
Und brichst du's, schwöre, daß dich Unheil treffe.
HYLLOS
Es trifft mich nicht: ich tue es. Doch schwöre ich's.
HERAKLES
Du kennst des Oita höchste Höhe, geweiht dem Zeus?
HYLLOS
Ich kenne sie, stand oftmals schon als Opferer dort oben.
HERAKLES
Doch sollst du – hast du aufgenommen meinen Leib
Mit eigener Hand und von den Freunden, die du willst, begleitet,
Und dann viel Holz der tiefwurzelnden Eiche
Geschlagen und vielfach herausgeschnitten auch zugleich
Den starken wilden Ölbaum – so sollst du meinen Leib

Darauf legen und mit dem Glanz der Fichtenfackel
In Brand setzen den Feuerstoß. Und keine Träne
Der Totenklage komme auf, nein, ohne Stöhnen
Und ohne Tränen, wenn du denn der Sohn
Bist *dieses Manns*, verrichte es. Wenn aber nicht,
Werde ich auf dich warten auch dort unten
Auf immerdar mit meinem schweren Fluch.

HYLLOS

O mir!
Vater, was sagst du? was tust du mir an?

HERAKLES

Das, was zu tun ist. Tust du's aber nicht, so heiße
Sohn irgendeines andern, doch nicht meiner mehr!

HYLLOS

O mir noch einmal! Wozu, Vater, rufst du mich auf:
Mörder zu werden und Blutschuld von dir zu tragen?

HERAKLES

Nicht doch! nein: der mich heilt in meiner Lage
Und Arzt als einziger in meinen Übeln.

HYLLOS

Und wie, wenn ich verbrenne deinen Leib, kann ich ihn heilen?

HERAKLES

Nun, schreckt dich dieses, so vollbringe das andere.

HYLLOS

Zwar, dich zu tragen, darauf ruht kein Arg...

HERAKLES

Und auch der Bau des Scheiterhaufens, wie ich sagte?

HYLLOS

Soweit ich nicht selbst daran rühre mit den Händen!
Das andre will ich tun, und damit sollst
Du – was an mir liegt! – dich nicht plagen!

HERAKLES

Nun, es genügt auch das! Jedoch erweise mir

Noch eine kleine Gunst zu jenen anderen großen!

HYLLOS

Und wär sie noch so groß: es soll geschehen!

HERAKLES

Du kennst doch die Eurytos-Tochter, die Jungfrau?

HYLLOS

Du sprichst von Iole, wie ich vermute?

HERAKLES

Gewiß! So sei dir dieses aufgetragen, Kind!
Diese, wenn ich gestorben bin, sofern du
Wahren die rechte Scheu willst, eingedenk
Der Eidschwüre, die du dem Vater gabst:
Nimm sie zur Frau! und sei nicht ungehorsam
Dem Vater. Und es soll kein anderer Mann
Sie, die, mit mir vereinigt, mir zur Seite lag,
Erhalten jemals außer dir.
Nein, selber trage Sorge, Sohn! für dieses Bett!
Gehorche mir! Denn Großes mir gewähren,
doch im Kleinen
Dich widersetzen, macht zunichte auch die erste Gunst.

HYLLOS

O mir!
Zwar über einen Kranken zürnen, das ist schlecht.
Doch sehn, wie einer *so* denkt, wer kann das ertragen?

HERAKLES

Du sprichst, als ob du nichts tun willst von dem,
was ich da sage!

HYLLOS

Wer könnte sie, die einzig an dem Tod der Mutter
Mir schuld ist, und ebenso auch dir,
Daß es so um dich steht, wie's um dich steht –
Wer sollte dieses, wenn nicht Fluchgeister ihn plagen,
Erwählen? Besser, Vater, auch für mich zu sterben
Als mit dem Widerwärtigsten zusammenwohnen!

HERAKLES

Der Mann da, scheint es, will mir Sterbendem
Nicht geben mein gebührend Teil! Doch wird der Fluch
Der Götter dich erwarten, wenn
Du ungehorsam sein wirst meinen Worten.

HYLLOS

O mir!
Gleich zeigst du, wie es scheint, wie krank du bist!

HERAKLES

Störst du mich auf doch aus dem Übel, das schon schlief.

HYLLOS

Ich Elender! So viel, vor dem ich ratlos stehe!

HERAKLES

Hältst du's doch nicht für recht, auf den
Zu hören, der dich zeugte?

HYLLOS

Ja, soll ich denn lernen,
Die rechte Ehrfurcht zu verletzen, Vater?

HERAKLES

Keine Verletzung ist's der rechten Scheu,
Wenn du mein Herz erfreust.

HYLLOS

Du heißt mich, dies zu tun mit vollem Recht?

HERAKLES

Ja, ich! Dafür zu Zeugen rufe ich die Götter!

HYLLOS

(zögernd)

So will ich's tun und es nicht von mir weisen
Und als *dein* Werk dartun den Göttern!
Denn niemals werde ich wohl schlecht erscheinen,
Weil ich die Treue dir bewahrt hab, Vater.

HERAKLES

Schön endest du. Nur füge dazu auch
Die schnelle Gunst hinzu, mein Sohn, daß du,

Bevor ein Krampf einbricht oder ein Stachel,
Mich auf den Scheiterhaufen legst.
Auf, beeilt euch! hebt mich auf! – Ein Aufhören
Meiner Leiden ist nur dies:
Das Ende *dieses Manns*, zu allerletzt!

HYLLOS

Nun denn, nichts hindert, daß dir dies vollendet werde,
Da du's befiehlst und es mir abzwingst, Vater.

HERAKLES

Auf denn! ehe diese wieder sich regt,
Die Krankheit, o harte Seele!
Lege an von Stahl
Einen Zaum, verkittet mit Steinen,
Und verhalte den Schrei, daß freudig
Du vollbringst das widerwillige Werk!

HYLLOS

Hebt ihn auf, Gefährten, und gewährt
Dafür mir ein großes Mit-Verstehen,
Erkennt aber auch das große Un-Verstehen
Der Götter für die Taten, die vollbracht sind!
Da zeugten sie und rühmen sich
Als Väter, und sehen doch solchen Leiden zu!
Zwar das, was kommt, sieht keiner voraus,
Doch was jetzt eintrat, ist Jammer für uns
Und Schande für sie,
Doch am schwersten von allen Menschen
Für ihn, den Mann, der dieses
Verderben hat zu tragen.

(Hyllos und die Begleiter formieren einen Zug um Herakles, der sich auf der Bahre hoch erhoben hat und mit erhobenen Armen in die Höhe schaut, seiner Verbrennung auf dem Oita und seiner Erhebung zu den Göttern entgegen.)

CHORFÜHRERIN

Bleibt, Mädchen, auch ihr nicht zurück bei dem Haus,
Die ihr neue große Tode gesehn
Und viele Leiden und nie zuvor
Erlittene,
Und in diesem ist nichts, was nicht Zeus ist.

NACHWORT

Daten zu den »Frauen von Trachis« von Wolfgang Schadewaldt

1.

Über die Aufführungszeit des Stückes haben wir keinerlei antike Angaben. Doch neigt die Forschung heute überwiegend dazu, das Stück in der Nähe der ›Antigone‹ (wahrscheinlich 442 [nach neuerer Forschung 440]) zu setzen, und hier eher in die Zeit nachher als vorher, vielleicht nicht lange nach der Euripideischen ›Alkestis‹ aus dem Jahr 438. Die Indizien sind im wesentlichen formaler Art: eine zweigeteilte Handlung, die ›Diptychon-Form‹, wie in dem sehr frühen ›Aias‹; die Handlung von zwei Personen, Deianeira und Herakles, getragen, die beide untergehen, wie Antigone und Kreon in der ›Antigone‹. Einen weiteren Hinweis gibt, besonders fühlbar für den Übersetzer, die Sprache, die noch das Harte, Überformte an sich trägt, das für die Epoche der ›Antigone‹ bezeichnend ist und erst vom ›König Ödipus‹ an überwunden wird.

Das Stück galt lange Zeit für eines der weniger geglückten des Sophokles. Doch hat die englische Bearbeitung durch Ezra Pound, die in deutscher Übersetzung auch in Deutschland aufgeführt wurde, den hohen dramatischen Wert des Stücks erwiesen, und wirklich ist es, recht verstanden, in seiner Eigenart neben seinem hohen dichterischen Rang auch ein höchst wirksames Bühnenstück, das, in der genuinen Form des Sophokles, für unsere Bühnen neu gewonnen werden sollte.

2.

Die *Handlung* des zweigeteilten Stücks, in der zuerst die Frau des Herakles, Deianeira, und sodann Herakles selbst die Mitte bilden, ist, mit einem Wort von Karl Reinhardt, nicht so sehr »*ein* Schicksal zu zweien«, als »zwei Schicksale in einem«, oder auch, wie wieder in der ›Antigone‹, zwei miteinander verbundene Untergänge. Doch bemerkt man bei genauerem Hinsehen, daß der tragische Irrtum der Deianeira, der den Untergang des Herakles und damit ihren eigenen Untergang verursacht, nur ein Element im übergreifenden Schicksalsgang des Herakles ist, so daß die Tragödie, aufs ganze gesehen, eben doch das Drama von Tod, Erlösung und Erhöhung des Herakles nach seinem langen mühevollen Leben ist.

3.

Wenn der erste Teil der Handlung von der Gestalt der Deianeira getragen wird, so ist doch bereits hier Herakles als Abwesender ständig innerlich anwesend. Deianeira lebt auf Herakles hin, sie sorgt sich um ihn, bangt um ihn, da jede Kunde von ihm fehlt und ein zweideutiger Götterspruch besagt, daß er gerade in der gegenwärtigen Zeit entweder sein Leben enden oder für künftighin ein seliges Leben haben werde. Wie in dieser Sorge, so ist Herakles in der Freude zugegen, als sein Herold von der siegreichen Eroberung der Stadt des Eurytos, Oichalia, berichtet, und wieder in der Verzweiflung der Frau, als sie erfährt, daß ihr Herakles in der schönen jungen Königstochter Iole eine zweite Frau ins Haus schickt. Deianeira sieht die Zerstörung ihrer Ehe und ihres Glücks voraus. Sie will nicht zu den schlimmen, tolldreisten Weibern gehören, die sich zur Gewalttätigkeit hinreißen lassen, meint aber in ihrer Not, mit einem Liebeszauber die Zuneigung ihres Mannes zurückgewinnen zu können. Als sie dann erfahren muß, daß sich das Gewand, das sie zum Liebeszauber mit dem vergifteten Blut des Kentauren Nessos getränkt hat, dem Herakles in den Leib frißt und ihn vernichtet, ersticht sie sich.

Der zweite Teil des Stücks bringt die leibhafte Gegenwart des Herakles, der zunächst in einem lethargischen Schlaf herbeigetragen wird, dann erwacht, in furchtbaren Schmerzen leidet, tobt, die Frau verflucht, die ihm das angetan hat, doch dann, als der Name des Kentauren Nessos fällt, zur Einsicht in die höhere Schicksalsfügung erwacht, der auch die Tat der Deianeira nur gedient hat.

4.

Den modernen Betrachter hat vor allem die Gestalt und die Tragik der Deianeira angezogen: das in der Weltliteratur immer wieder behandelte Motiv der alternden Frau, die die Liebe ihres Mannes an eine jüngere zu verlieren droht. Das Deianeira-Drama des Sophokles mochte so als ein psychologisches Charakterdrama erscheinen, und wirklich enthält die Deianeira-Tragödie des Sophokles auch ein solches Charakterdrama: eine leidenschaftlich liebende Frauenseele, die voller Verständnis, voller guten Willens sein will, aber gerade so zur Anwendung eines höchst bedenklichen Mittels hingerissen wird.

Doch dies ist nur der eine, vordergründige Aspekt der Handlung. Entscheidend ist im eigenen Sinn des Sophokles, daß das verhängnisvolle Versehen der Deianeira in Wahrheit der Faktor eines hintergründigen dämonischen Geschehens ist. Es reicht zurück bis zu dem gleisnerischen Rat des sterbenden Kentauren, Deianeira möge die Blutkruste seiner Todeswunde als Liebeszauber an sich nehmen. Es wirkt in jener anfänglichen Ungewißheit über Herakles, mit der das Stück in Bangen und Sorgen beginnt. Es verstärkt sich in jener aufkommenden falschen Freude, daß Herakles gerettet sei – gerettet, ja, aber nicht für sie. Es wirkt in jener rätselhaften Anziehung, die die stumme schöne Kriegsgefangene auf Deianeira ausübt, ihrem Mitleid mit ihr, ihrem überanstrengten guten Willen. Es wirkt in ihrem verzweifelten Entschluß, den Liebeszauber anzuwenden. Es tritt mit besonderer Kraft in der kurzen Szene zwischen Deianeira und dem Chor (582-594) in Erscheinung, wo das Heikle dieses Liebeszaubers sogar in das klare Bewußtsein gehoben wird.

Deianeira: Mit einem Liebeszauber will sie versuchen, ob sie dies Mädchen in der Gunst des Herakles überwinden könnte. Die Sache sei beschlossen, wenn sie nicht etwa leichtsinnig zu handeln scheine. Wenn doch, will sie es lassen.

Darauf der Chor: Ja, wenn eine Sicherheit bestünde...

Und Deianeira: Eine Sicherheit dem Anschein nach; eine Probe wurde nicht angestellt...

Der Chor: Aber *wissen* muß man, wenn man handelt...

Und Deianeira, das ihr selbst bewußte und von ihr selbst betonte Bedenkliche ihres Tuns wegwischend: »Nun, alsbald werden wir es wissen...« –

womit sie das mit dem Blut des Kentauren gesalbte Kleid dem Herold übergibt und den Dingen ihren Lauf läßt.

Der Vers:

»Nun, alsbald werden wir es wissen!«

ist gleichsam die Achse, um die sich die ganze Handlung dreht. Der spontan aus ihrer Verzweiflung, ihrer Sorge um die Erhaltung ihres Lebensglücks heraufgekommene verhängnisvolle Leichtsinn ist in dem Stück die Handhabe, mit der das in allem waltende dämonische Geschehen die Handlung auslöst, die zu den beiden Untergängen führt.

5.

Das so weit betrachtete Drama bildet nur den inneren Kreis des Geschehens. Ihn umgreift der viel weiter reichende Zusammenhang des Lebensschicksals des Herakles. Er reicht zurück bis zu dem alten Wahrspruch von Herakles' Vater: er werde »durch keinen, der atmet, sterben, sondern von einem, der als Toter im Hades lebe, getötet werden« (1159 ff.). Und eben dieser altgesagte Spruch ist dem Herakles in dem Augenblick gegenwärtig, als Hyllos dem Vater den Namen des Kentauren nennt, der nun durch jenen ›Liebeszauber‹ als längst Gestorbener seine Rache an ihm nimmt. Mit dem Schrei: »I-uh! i-uh! Unseliger! Ich bin hin, ich Armer!« (1143) bricht die Einsicht in den bestimmenden Schicksalszusammenhang über Herakles herein. Er versteht nun sein Leiden, seine Qualen als das Notwendige, ordnet, von nun an ganz Herr seiner selbst, die eigene Verbrennung auf dem Öta an und nimmt den sicheren Tod in dem Bewußtsein auf sich, daß auch jenes neue doppelseitige Orakel, er werde sein Leben enden oder von nun an ein seliges Leben haben, sowohl seinen Tod wie zugleich seine Erlösung gemeint hat.

6.

Das Stück endet mit der bitteren Anklage, die Hyllos, der Sohn des Herakles, gegen die Götter erhebt:

> Hebt ihn auf, Gefährten, und gewährt
> Dafür mir ein großes Mit-Verstehen,
> Erkennt aber auch das große Un-Verstehen
> Der Götter für die Taten, die vollbracht sind!
> Da zeugten sie und rühmen sich
> Als Väter, und sehen doch solchen Leiden zu!

Zwar das, was kommt, sieht keiner voraus,
Doch was jetzt eintrat, ist Jammer für uns
Und Schande für sie,
Doch am schwersten von allen Menschen
Für ihn, den Mann, der dieses
Verderben hat zu tragen.

Und darauf die Chorführerin:

Bleibt, Mädchen, auch ihr nicht zurück bei dem Haus,
Die ihr neue große Tode gesehn
Und viele Leiden und nie zuvor
Erlittene,
Und in diesem ist nichts, was nicht Zeus ist.

Der letzte Satz ist von schwer ergründbarer Amphibolie. Zeus, der Urheber aller jener Leiden, und in seiner unbegreiflichen Furchtbarkeit doch auch wieder der in allem wirkende große verehrungswürdige Himmelsgott.

VORSTUFEN, DRAMA UND WIRKUNGSGESCHICHTE

von Hellmut Flashar

Vorbemerkung: Die Tragödie ›Die Frauen von Trachis‹ (oder: ›Die Trachinierinnen‹) behandelt einen kleinen Ausschnitt aus dem Herakles-Mythos, der eine außerordentliche Fülle von Taten und Begebenheiten dieses bei den Griechen beliebtesten Heros enthält. Die im Folgenden aufgeführten Zeugnisse beziehen sich ausschließlich auf den Stoff dieser Tragödie, also auf die Gestalt der Deianeira und das Ende des Herakles sowie die unmittelbare Vorgeschichte.

VORSTUFEN

FRÜHGRIECHISCHES EPOS: Wahrscheinlich gab es schon in vorhomerischer Zeit ein (möglicherweise mündlich tradiertes) Epos, das die Taten und Abenteuer des Herakles im Zusammenhang dargestellt hat (›Herakleis‹). Denn die homerischen Epen enthalten mehrfach Anspielungen auf die Geschichte des Herakles, auch auf sein Ende, doch werden Einzelheiten nicht deutlich. In der ›Ilias‹ heißt es, Herakles mußte sterben (5, 638, 115-121); die ›Odyssee‹ setzt seine Apotheose voraus, läßt aber seinen Schatten in der Unterwelt weilen (11, 602). Hesiod läßt Herakles ohne Schmerz und Altern im Olymp ewig wohnen (›Theogonie‹ 954), ähnlich der Dichter des 15. ›homerischen Hymnos‹. In den dem Hesiod zugeschriebenen ›Ehoien‹ (Frauenkatalog) taucht zum ersten Mal (in der uns erhaltenen Überlieferung) der Name Deianeira auf; ebenso wird ihr Sohn Hyllos genannt, daneben noch drei weitere Söhne, die bei Sophokles nicht erwähnt werden. In der lückenhaften Papyrusüberlieferung ist erkennbar, daß Deianeira durch den Herold Lichas ein mit Gift bestrichenes Gewand an Herakles geschickt hat (Frgm. 25 Merkelbach/West). Damit ist das Handlungsgerüst der ›Frauen von Trachis‹ (nicht aber die Motivation im einzelnen) belegt und in dem genealogisch orientierten Frauenkatalog als bekannt vorausgesetzt.

In der weiteren nachhomerischen, bis ins 5. Jdt. reichenden Epik ist der Heraklesstoff besonders beliebt gewesen; Dichter wie Peisinos, Peisander und Panyassis haben Herakles-Epen verfaßt, welche Aristoteles in der ›Poetik‹ 8, 1451 a 20 wegen mangelhafter Gliederung des Stoffes kritisiert.

GRIECHISCHE LYRIK: Bei den Dichtern, die im weitesten Sinne zur frühgriechischen Lyrik zu rechnen sind, gibt es zahlreiche Anspielungen und Hinweise auf Taten des Herakles (so bei Archilochos, Simonides, Pindar, Bakchylides). Namentlich für Archilochos sind die Darstellung der Gewinnung Deianeiras durch Herakles gegen den in Stiergestalt kämpfenden Flußgott Acheloos und die Schilderung des Nessosabenteuers bezeugt. Der Chorlyriker Stesichoros hat mehrere Gedichte den Unternehmungen des Herakles gewidmet. Herakles ist ein so paradigmatischer Heros, daß Pindar sagen kann, wer Herakles nicht im Munde führt, ist stumm (›Pythien‹ 9, 87). Unter den zahlreichen Herakles-Erwähnungen Pindars findet sich auch der Hinweis auf das ewige Leben im Kreise der Götter, so ›Nemeen‹ 1, 70-74 als Prophezeiung aus dem Munde des Sehers Teiresias; also ist auch hier die Apotheose vorausgesetzt, und zwar in Verbindung mit der auf das Epos zurückgehenden Hochzeit des Herakles mit Hebe, der Göttin der Jugendblüte, im Olymp (›Odyssee‹ 6, 602). Im 5. ›Epinikion‹ des Bakchylides, einem auf 476 datierten Siegeslied für Hieron von Syrakus, wird berichtet, wie Herakles voller Mitleid dem in den Hades entschwindenden Meleager begegnet und ihn fragt, ob dieser eine Tochter habe, die er heiraten könne. Meleager empfiehlt die »im Werke der goldenen Göttin der Liebe noch unerfahrene« Deianeira, die dann auch die Frau des Herakles wird.

Im 16. ›Dithyrambos‹ des Bakchylides (undatiert, aber wahrscheinlich vor der Tragödie des Sophokles) werden in weitgehender Übereinstimmung mit Sophokles zunächst die Ankunft des Herakles und dann die List der Deianeira, die als verblendet bezeichnet wird, mit fast dramatischen Zügen behandelt, wie sie für das Genos des Dithyrambos und für Bakchylides überhaupt charakteristisch sind.

Vielleicht ist Sophokles auf das tragische Potential des Stoffes durch Bakchylides aufmerksam geworden; das Umgekehrte (wie von einem Teil der Forschung vertreten) ist weniger wahrscheinlich. Es müßte der Dithyrambos ein ganz spätes Alterswerk des Bakchylides gewesen sein und die Tragödie des Sophokles als dann erste erhaltene Tragödie sehr früh (vor 450) angesetzt werden.

DAS DRAMA DES SOPHOKLES

Alles Mythenfaktische war Sophokles durch die Überlieferung vorgegeben. Er hat – offenbar als erster – den Stoff in die stereotypen Formen (Prolog, Epeisodion, Chorlied) und in die Konventionen der Tragödie verwandelt. Dazu gehört auch, daß die Tragödie fiktiv innerhalb eines Tages spielt. Am frühen Morgen sendet Deianeira ihren Sohn Hyllos aus, um etwas über den Verbleib des Herakles zu erfahren (Paradigmatisches Modell dafür ist die Aussendung des Telemachos durch Penelope in der ›Odyssee‹). Am frühen Mittag trifft die Kunde ein, Herakles sei auf dem Wege nach Trachis. Herakles hat die Stadt Oichalia erobert. Der Herold Lichas trifft mit den gefangenen Frauen ein, unter denen sich die Königstochter Jole befindet, die Geliebte des Herakles. Am Nachmittag sendet Deianeira durch denselben Herold an Herakles ein Hemd (eine Art Festgewand), das mit dem Blut des Kentauren durchtränkt ist. Es ist ein Liebeszauber, mit dem Deianeira Herakles an sich binden will. Am frühen Abend kehrt der Sohn Hyllos zurück und verwünscht die Mutter, weil der angebliche Liebeszauber sich als tödliches Gift erwiesen hat, das in den Körper eindringt und Herakles verbrennt. Am späten Abend wird Herakles noch lebend auf einer Bahre nach Trachis gebracht, sich vor Schmerzen krümmend und unter Qualen seinem Tode entgegensehend. Am Schluß erfüllt Hyllos die Bitte seines Vaters, für ihn am Fuße des Berges Oita einen Scheiterhaufen zu errichten und anzuzünden. Herakles stirbt unter furchtbaren Qualen.

Die Tragödie endet ohne eine Andeutung auf die Apotheose des Herakles, die doch schon im Epos vorgegeben war. Das Schweigen des Sophokles ist keineswegs so zu deuten, als bräuchte er den Weg des Herakles in den Olymp nicht noch eigens zu bezeichnen, weil doch jeder Zuhörer Bescheid wisse. Es ist umgekehrt: Weil der Hörer die Apotheose erwartet, läßt ihr Fehlen die Schwere des Schicksals und die Erbarmungslosigkeit der Götter (vgl. Vers 1266) in der Gestaltung durch Sophokles besonders drückend erscheinen.

Die formale Gestaltung der Tragödie ist die folgende:

1-93: Prolog. Deianeira berichtet die Vorgeschichte. Hyllos wird auf Anraten der Amme ausgeschickt, um Nachforschungen über den Verbleib des Herakles anzustellen.

94-140: Parodos. Anrufung des Sonnengottes Helios mit der Frage nach dem Verbleib des Herakles.

141-204: 1. Epeisodion. Ein Bote meldet die bevorstehende Heimkehr des Herakles.

205-224: 1. Stasimon. Freudenlied des Chores.

225-496: 2. Epeisodion. Der Herold Lichas an der Spitze eines Zuges von Beutefrauen, darunter die Königstocher Jole. Erbarmen der Deianeira, die Jole und die anderen Frauen ins Haus läßt. Nach Ausflüchten des Lichas enthüllt der alte Bote die Wahrheit: Jole ist die Geliebte des Herakles; ihretwegen hat er Oichalia erobert.

497-530: 2. Stasimon. Die Macht des Eros. Erinnerung an den Kampf des Herakles mit dem Flußgott Acheloos um Deianeira.

531-632: 3. Epeisodion. Deianeira schickt Lichas zu Herakles mit dem Festhemd, das vom Blut des Kentauren Nessos durchtränkt ist. Rückblick auf das Nessosabenteuer. Deianeira will durch Liebeszauber Herakles an sich binden.

633-662: 3. Stasimon. Der Chor in Erwartung des Herakles und der Wirkung des Liebeszaubers.

663-820: 4. Epeisodion. Deianeira erkennt die tödliche Wirkung des angeblichen Liebeszaubers. Der zurückgekehrte Hyllos berichtet, wie das giftgetränkte Gewand den Körper des Herakles zerfrißt. Verwünschung der Mutter.

821-861: 4. Stasimon. Der Chor begreift, wie sich das Orakel erfüllt, wonach sich das Schicksal des Herakles nach zwölf Jahren entscheidet.

862-946: 5. Epeisodion. Die Amme berichtet den Selbstmord der Deianeira.

947-973: 5. Stasimon. Klage und Ankündigung des Zuges mit dem auf einer Bahre getragenen Herakles.

974-1258: 6. Epeisodion. Herakles wird auf die Bühne gebracht. Er erwacht aus dem Schlaf und bittet seinen Sohn Hyllos, ihn auf einen Scheiterhaufen zu legen und ihm im Tode beizustehen.

1259-1278: Exodos. Erfüllung des Schicksals. Zeus steht über allem.

Mit der Transposition des überlieferten Stoffes in das Genos der Tragödie sind naturgemäß Änderungen verbunden, die über das bloße Anpassen an die Tragödienkonventionen hinausgehen, deren Ausmaß sich angesichts der Überlieferungslage aber schwer feststellen läßt. Mit aller Vorsicht können folgende Momente als Neuerungen des Sophokles angesehen werden:

1. Die direkte Konfrontation von Jole und Deianeira. Sie ist ein typisches Bühnenmotiv (Vorbild: die Begegnung von Kassandra und Klytaimestra im ›Agamemnon‹ des Aischylos) und hat ihren Platz nicht in narrativen Gestaltungen, zumal Jole in der Tragödie (wie Kassandra) stumm bleibt. Mit der Konfrontation auf der Bühne ist zugleich das gesamte 2. Epeisodion mit der Verhörszene, dem Trug des Lichas und der wohl erst sophokleischen Einführung des alten (neben Lichas also zweiten) Boten möglich geworden und damit als Neuerung erwiesen.

2. Da Hyllos als heiratsfähiger Mann dargestellt wird (1158), der Jole zur Frau nehmen soll (1221), wird in der sophokleischen Konzeption der Ehe mit Deianeira eine lange Zeit zugemessen, in die auch die zwölf berühmten Taten fallen (Dodekathlos). Sophokles hat damit nicht nur die szenische Möglichkeit einer Auseinandersetzung zwischen Vater und Sohn gewonnen, sondern vor allem die Deianeirasage zu dem größten und wichtigsten Teil im Leben des Herakles gemacht. Die anderen Frauen und Ehen, auf die nur

kurz verwiesen wird (459 f.), werden damit ausgeblendet. Das sicher übernommene, weil nicht handlungskonstitutive Motiv von dem Orakel, wonach sich nach zwölf Jahren das Schicksal des Herakles erfüllen werde (1164-1171), bezieht sich somit ausschließlich auf die Zeit der Ehe mit Deianeira. Damit kann die Handlung der ganzen Tragödie als die Erfüllung eines schicksalhaft bestimmenden Orakels werden, wie es auch sonst Sophokles nicht fremd ist.

3. Zugleich wird das Schicksal des Herakles aus der Perspektive der Deianeira dargestellt. In der epischen Überlieferung sind es die Taten und Abenteuer des Herakles, die nacheinander berichtet werden. Deianeira kann darin eine zentrale Rolle nicht einnehmen. Die Akzentverlagerung auf in den vorgegebenen Mythenversionen nicht im Vordergrund stehende Frauengestalten ist auch sonst für die sophokleische Tragödie charakteristisch (Antigone, Elektra). Trotz dieser Akzentverlagerung bleibt aber Herakles der Bezugspunkt. Er ist von Anfang an als noch Abwesender anwesend in den Sorgen und Gedanken der anderen, kommt dann schrittweise näher, bis er zunächst schlafend und dann wach und, selbst als Kranker noch stark, auf der Bühne präsent ist.

WIRKUNGSGESCHICHTE

Römische Literatur

In der republikanischen Tragödie hat der Stoff keine Spuren hinterlassen. Gleichwohl war das Drama in Rom bekannt. Cicero übersetzt in den ›Tusculanen‹ (44 v. Chr.) eine längere Partie aus den ›Trachinierinnen‹ (1046-1102) im Zusammenhang mit der Diskussion, ob der Schmerz ein Übel sei (2,20-22). Er gibt dabei zu erkennen, daß ihm eine lateinische dichterische Gestaltung des Stoffes nicht zur Verfügung stünde (2, 26).

Schon vorher (1. Hälfte des 1. Jhdts. v.Chr.) hatte der zeitweise in Rom lebende Diodorus Siculus in seiner ›Bibliotheke‹ genannten Universalgeschichte in 40 Büchern vom Uranfang bis zur römischen Geschichte seiner Zeit auch das Schicksal des Herakles übereinstimmend mit der sophokleischen Version dargestellt (4, 36-38).

OVID (43 v.Chr.-18 n.Chr.) beschreibt im 9. Buch der ›Metamorphosen‹ den Tod des Hercules und die ihm vorausliegenden Ereignisse in der natürlichen zeitlichen Reihenfolge: Kampf mit dem Flußgott Acheloos (1-97); Nessosabenteuer (98-134); Deianiras Entschluß zur Anwendung des Liebeszaubers (135-156); Hercules beim Opfer; verderbliche Wirkung des übersandten Gewandes (157-210); Tötung des Lichas (211-229), Tod des Hercules auf dem Scheiterhaufen und Apotheose (229-272). Abweichungen von Sophokles ergeben sich z. T. durch den Gattungszwang, Verwandlungssagen zu erzählen. So schleudert Hercules den Herold Lichas als Strafe für die Überbringung des verderblichen Gewandes in das euböische Meer, wo Lichas sich in einen Stein verwandelt. Andere Änderungen tragen römisches Kolorit, so die lange Rede des Hercules an seine Feindin Juno, in der Hercules angesichts seiner Qualen an der Existenz der Götter zweifelt.

In der 9. ›Epistula heroidum‹ Ovids schreibt Deianira nach Absendung des Gewandes einen klagenden Brief an Hercules. Sie mahnt ihn, seine Heldenwürde zu wahren und sich nicht dem servitium amoris unter dem Eindruck der Jole zu ergeben. Noch während des Schreibens (143 f.) erhält sie (durch eine fama, nicht durch einen Boten oder gar den Sohn Hyllos) die Nachricht von der nicht beabsichtigten tödlichen Wirkung des Giftes. Jetzt beschließt sie als unmittelbare Reaktion, sich selbst den Tod zu geben. Seltsamerweise setzt Deianira den Brief fort, jetzt aber in anderem Sinne (nicht mehr anklagend, sondern schuldbewußt) und nicht mehr, um den Brief abzuschicken, sondern damit er bei ihrem Leichnam gefunden werde. Wie bei Sophokles wird auch hier die Katastrophe Deianiras durch die Nachricht von der verderblichen Wirkung des Giftes ausgelöst. Der Kunstgriff Ovids – auch im Rahmen der Briefgattung – liegt darin, daß die Zäsur mit der sich anbahnenden Katastrophe in die Mitte des angefangenen Briefes gelegt wird, so daß es nun ein Abschiedsbrief einer im Grunde eifersüchtigen Frau wird. Die Handlung ist vom Heroischen in das Alltägliche versetzt.

SENECA, ›Hercules auf dem Oeta‹ (wahrscheinlich zwischen 50 und 65 n. Chr., Echtheit umstritten). Erweiterung und Umakzentuierung des sophokleischen Dramas. Was bei Sophokles berichtet wird, erscheint hier als Schauplatz: a) Euböa, am Tempel des kenäischen Jupiter. Hercules tritt gleich zu Anfang auf und fordert von Jupiter, dem er opfert, göttlichen Rang als Entgelt für seine Taten. b) Trachis. Im Unterschied zur sophokleischen Version ist Jole nicht stumm, dafür aber Lichas. Alle beklagen in sich steigernden Emotionen beständig ihr Los, der Chor der gefangenen Frauen, Jole und vor allem Deianira, die sich in heftigen Vorwürfen über das Verhalten ihres Gatten Hercules ergeht (also das tut, was sie bei Sophokles gerade vermeidet). Sie will seinem Leben ein Ende bereiten, aber auch Jole soll sterben, und sie selbst will auch nicht mehr leben. Auf Anraten der Amme wandelt sie den Mordplan in den Liebeszauber mit der Entsendung des vom Blut des Nessus durchtränkten Gewandes um. Das Folgende weitgehend nach Sophokles bis zum Selbstmord der Deianira. c) am Fuße des Berges Oeta. Errichtung des Scheiterhaufens, den der noch junge (iuvenis) Philoctetes in Brand setzen soll. Alcmene, die Mutter des Hercules, tritt auf und beweint den Tod ihres

Sohnes. Am Schluß ertönt die Stimme des nun unter die Sterne versetzten Hercules. Die von Sophokles unterdrückte Apotheose umspannt das ganze Drama, das, durchsetzt von gelehrten mythologischen Details, das Geschehen in kosmischen Dimensionen ins Pathetische steigert. Die Motive: Leiden, Erkenntnis, Annahme des Todes, Erlösung des Gottessohnes (Hercules als Sohn des Jupiter) lassen eine gewisse Nähe zu der gleichzeitig entstandenen frühchristlichen Theologie erkennen.

In der mythographischen Gelehrsamkeit der Kaiserzeit wird der Stoff in weitgehender Übereinstimmung mit der Fassung des Sophokles handbuchartig abgehandelt, so bei Ps.-Apollodor (1./2. Jhdt. n.Chr.) im Zusammenhang mit allen Taten und Abenteuern des Herakles, hier: 2, 7 und in dem bis ins 18. Jhdt. vielgelesenen Handbuch ›Fabeln‹ des Hygin (2. Jhdt. n.Chr.) hier: 34-36.

Spätes Mittelalter und frühe Neuzeit

DANTE ALIGHIERI (1265-1321), ›Divina Comoedia‹ (Inferno 12, 46-139) mit nur kurzem Hinweis auf den Kentauren Nessus und sein Geschick. Vergil und Dante gelangen zu einem Graben, an dem sich die Kentauren befinden. Über Nessus heißt es, »er starb der schönen Deianira wegen« (che mor par la bella Deianira). Im Folgenden erteilt der Kentaure Chiron dem Nessus den Auftrag, Dante über den Fluß zu tragen und zu beschützen. Das Ganze wahrscheinlich nach Seneca.

GIOVANNI BOCCACCIO (1313-1375), ›De claris mulieribus‹ (Kap. 12: ›De Deyanira Herculis coniuge‹). Schilderung, wie Nessus Deyanira über das hoch angeschwollene Wasser des Flusses Ebanum trägt, sie zu entführen versucht und von einem der vergifteten Pfeile des Hercules getroffen wird. Nessos übergibt sein blutbeflecktes Gewand Deyanira, die es Hercules schickt, als sie seine Liebe zu »Omphale oder Jole« bemerkt. Ausführlich wird im folgenden die tödliche Wirkung beschrieben. Das Gift im Gewand vergeht aufgrund der Feuchtigkeit des Körpers; darauf gelangen die giftigen Dämpfe durch die Poren ins Körperinnere; Hercules tobt vor Schmerz und verbrennt sich schließlich selbst. Das Interesse gilt weniger der mythischen Handlung als vielmehr der Wirkung des Giftes auf den Mann.

JEAN PREVOST, ›Hercule‹ (1614). Tragödie, im wesentlichen nach Seneca. Monologe (bei Seneca) werden gelegentlich durch Dialoge ersetzt. Hercules erscheint noch bemitleidenswerter; seine Verklärung wird noch gesteigert.

PIERRE MAINFRAY, ›Tragédie des forces incomparables et amours du Grand Hercules où l'on voit artistiquement dépeinet sa générosité, son trépas, et son immortalité, malgré l'envic de junon sa marastre‹ (1616). Es ist eine »tragi-comédie pastoral«, weitgehend nach Seneca. Lebhaftere Gestaltung des Gefühlslebens; Hercules schwankt in seinen Gefühlen zwischen Deianeira und Jole, die sich gegen ihren Willen in Hercules verliebt.

PEDRO CALDERÓN DE LA BARCA (1600-1681), ›Los tres mayores prodigios‹ (Uraufführung in der Johannisnacht 1636 im Hof des Schlosses Buen Retiro in Madrid). Drama in drei Akten, die von drei verschiedenen Schauspieltruppen nacheinander auf drei verschiedenen Bühnen gespielt werden; die letzte Szene vereint die Protagonisten der drei Akte auf der mittleren Bühne.

Vorspiel: Hércules wird von seinen Freunden Teseo und Jasón davon abgehalten, sich aus Verzweiflung darüber umzubringen, daß seine Frau Deyaneira vom Kentauren Neso geraubt wurde. Die drei Heroen machen sich auf die Suche nach Neso und Deyaneira, um sich nach einem Jahr am Berg Oeta wiederzutreffen. Jeder der drei Akte erzählt die Taten je eines der drei Helden. Nur der dritte Akt behandelt in allerdings sehr freier Umgestaltung das Thema der antiken Tragödie. Hércules spürt Neso in Afrika auf in dem Augenblick, als Neso Deyaneira zu vergewaltigen versucht. Hércules tötet mit dem Giftpfeil Neso, der voraussagt, daß Deyaneira von Hércules verstoßen wird. Er empfiehlt sein blutgetränktes Gewand als Mittel, die Liebe ihres Gatten zurückzugewinnen. Hércules, von Eifersucht und Mißtrauen geplagt, will für die Rettung seiner Ehre auf seine Liebe verzichten und verurteilt Deyaneira dazu, als Bäuerin unerkannt im Tal zu bleiben. Der hinzutretende Licas vereitelt den Plan. Hércules bereitet sich für das Dankopfer an Zeus vor, für das er das von Deyaneira geschickte Gewand des Neso anlegt. Lange Zeit unterdrückt er das in ihm schwelende Feuer, bis er plötzlich zusammenbricht und sich auf dem Scheiterhaufen selbst den Tod gibt. Deyaneira erkennt, daß sie den Tod ihres Gatten verschuldet hat und wirft sich auf seinen Scheiterhaufen, um mit ihm zu sterben.

JEAN ROTROU, ›Hercule Mourant‹ (ca. 1632). Tragödie auf der Basis der Tragödie des Seneca; starke Akzentverlagerungen. Hercule, der (wie bei Seneca) seinen Anspruch auf Aufnahme in den Olymp geltend macht, trifft mit Jole und Deianeira zusammen (was Sophokles und Seneca vermeiden). Deianeira ist eifersüchtig; Hercule leugnet seine Liebe zu Jole, die diese zurückweist. Deianeira ertappt beide, entfernt sich wütend. Jole bittet Deianeira um Hilfe gegen die Zudringlichkeiten von Hercule; sie habe einen anderen Geliebten, den ebenfalls gefangenen Arcas. Dann Entsendung des Gewandes durch Deianeira. Die schreckliche Wirkung des giftigen Gewandes während des Opferfestes wird direkt auf der Bühne dargestellt. Der miterlebende Philoctetes gibt Hercule die Schuld. Hercule in rasender Rachewut, Selbstmord der Deianeira. Der todgeweihte Hercule verfolgt mit seinem Haß Arcas, den Geliebten der Jole, den er auf seinem Grab geopfert sehen will. Jole sucht dies zu verhindern, was nur dadurch gelingt, daß ganz am Schluß der inzwischen vergöttlichte und also gewandelte Hercule erscheint, den schon gefesselten Arcas losbinden und sich mit Jole vereinen läßt. Im ganzen: stärkere Betonung der Schuld des Hercule; Einführung einer neuen Liebesbeziehung: Jole und Arcas als das positive Gegenbild zu Hercule und Deianeira. Der Heros erscheint als Heuchler und brutaler Egoist. Die Widersprüche zwischen irdischem Verhalten und Anspruch auf göttlichen Rang sind in diesem zu den ersten Stücken des klassischen französischen Theaters zu rechnenden Drama nicht aufgelöst.

PIETRO ANDREA ZIANI (1616-1684), ›Le fatiche d'Ercole per Deianeira‹, Oper; Libretto von Aurelio Aureli. Uraufführung 1662 in Venedig, in der Kirche Giovanni e Paolo.

ULRIC ROBRAN DE LA MARCHE, The Sous of Hercules and Deianeira, Ballet; Uraufführung 1671 in Naumburg. Grundlage war die Fassung Ovids. Die Familie de la Marche bildete eine ganze Balletkompagnie, die seit der Mitte des Jhdts. in Deutschland wirkte.

FLORANT CARTON DANCOURT, ›La mort d'Hercule‹ (1683). Tragödie. Weitgehend nach Seneca. Hercules' heroische Größe wird reduziert. Das Stück endet mit dem Tod ohne Apotheose.

AGOSTINO STEFFANI (1654-1728), ›La lotta d'Hercole con Acheloo‹. Dramatisches Divertimento. Text von O. Mauro. Uraufführung 1688 in Hannover.

Von der frühen Neuzeit bis ins 20. Jahrhundert ist Herakles in zahlreichen Ausformungen der Literatur und der bildenden Kunst in unterschiedlichen Facetten als Exempel der Tugend, als prometheische Gestalt, als Reiniger, als Dulder, als Wohltäter, als Abwehrer von Übeln usw. dargestellt. All diese Darstellungen knüpfen aber thematisch nicht an die

Tragödie des Sophokles an, sondern entweder an die Traditionslinie, die von Euripides, ›Herakles‹, und Seneca, ›Hercules Furens‹, ausgeht, oder an andere Überlieferungen über die zwölf Arbeiten des Herakles, über die Wahl des Herakles am Scheidewege (nach Prodikos) usw. Dies alles gehört nicht zur Wirkungsgeschichte der ›Frauen von Trachis‹. Häufige Darstellung auch der sophokleischen Thematik (Herakles und Nessos, Tod des Herakles) in der bildenden Kunst (bei Dürer, Tintoretto, Rubens u. a.).

18./19. Jahrhundert

Im 18. Jhdt. auffallend viele musikalische Gestaltungen (auch der anderen Herakles-Themen) entsprechend der allgemeinen Tendenz, wonach in dieser Zeit die Oper die Hauptträgerin der Überlieferung des antiken Mythos ist. Daneben zahlreiche Ballett-Gestaltungen der Heraklesthematik.

LOUIS NICOLAS CLÉRAMBAULDT (1676-1749), ›La mort d' Hercule‹. Kantate; publiziert 1716.

GEORG FRIEDRICH HÄNDEL (1685-1759) ›Hercules‹. Oratorium; Libretto von Thomas Broughton, Kontamination von Sophokles und Ovid. Uraufführung 1745 in London. Hercules als der große Liebhaber Joles, die ihn verschmäht. Hercules versucht Jole nicht mit Gewalt, sondern mit Liebesliedern zu gewinnen (»Now farewell, arms! ... from wars to live I fly«). Alle Grausamkeit wird von Hercules genommen; er will sich im guten von Deianeira trennen. Am Schluß wird der Wunsch, Hyllus solle Jole heiraten, als ein Gebot des Jupiter dargestellt.

PASQUALE CAFARO (1716-1787), ›Ercole ed Acheloo‹. Kantate; Text von Saverio. Uraufführung am 20. 1. 1766 in Neapel in der Kirche San Carlo.

CARL JOSEPH TOESCHI (1731-1788), ›La mort d'Hercule‹.

Ballett; Choreographie von Etienne Lauchery (1732-1820). Uraufführung 1767 in Paris.

JOHANN FRIEDRICH GRÄFE (1711-1787) ›Hercules auf dem Oeta‹. Singspiel; Libretto von Johann Benjamin Michaelis. Uraufführung am 4. 6. 1771 in Hannover.

FRANCESCO CLERICO, ›Ercole e Deianeira‹. Ballett; Uraufführung 1789 in Padua.

BLAS DE LASERNA (1751-1816), ›Hercules y Deyanira‹ (1791-1796). Melólogo.

LOUIS VON ESCH, ›La mort d'Hercule‹. Ballett; Choreographie von Gaetanon Vestris (1728-1808). Uraufführung am 11. 4. 1791 in King's Theatre in London.

JEAN BAPTISTE ROCHEFORT (1746-1819), ›La mort d'Hercule‹; Pantomime; Uraufführung 1796 in Paris.

JOHANN FRIEDRICH REICHARDT (1752-1814), ›Hercules' Tod‹. Melodram; Text nach Sophokles; Uraufführung am 14. 4. 1802 in Berlin.

JAMES HERVÉ D'EGVILLE (1770-1836), ›L'enlèvement de Déjanire‹; Ballett; Uraufführung am 9. 2. 1808 im King's Theatre, London.

FRANCESCO BENEDETTI DA CORTONA (1785-1821), ›Deianira‹. Lyrisches Drama (1811).

CHARLES DUQUESNOY (1759-1822), ›La mort d'Hercule‹. Schauspielmusik.

FRIEDRICH HÖLDERLIN (1770-1843), ›Dejanira an Herkules‹. Übersetzung von Ovids ›Epistulae Heroidum‹ 9 (Vgl. S. 84 f.), 3-6; 11-48.

FÉLIX TOURNACHON (Künstlername: Nadar) (1820-1910), ›La robe de Déjanire‹ (1846). Novelle.

ARTHUR RIMBAUD (1854-1891), ›Combat d'Hercule et du fleuve Achelous‹ (1869). Gedicht, von Abbé Delisle 1870 ins Lateinische übersetzt.

JOSÉ MARIA DE HEREDIA (1842-1905), ›Nessos‹; Sonett in dem Zyklus ›Hercule et les centaures‹ (veröffentlicht 1888).

HENRI DE RÉGNIER (1864-1936), ›Déjanire‹. Gedicht; Teil des Zyklus ›Flûtes d'Avril et de Septembre‹ (veröffentlicht 1895).

AUGUST STRINDBERG (1849-1912), ›I havsbandet‹; Novelle, veröffentlicht 1890; deutsche Übersetzung: ›Auf der offenen See‹. Axel Borg fährt mit Selbstmordgedanken in einem kleinen Boot auf die offene See und sieht das Sternbild des Hercules. Er vergegenwärtigt sich die Taten und den Tod des Hercules, der eingetreten ist durch die Dummheit einer Frau, die ihn aus Liebe vergiftet hat.

LOUIS GALLET (1835-1921), ›Déjanire‹, mit dem Zusatz ›Tragédie antique avec chant‹ (1898). Grundlage ist die Tragödie des Sophokles, die aber unter dem Einfluß der französischen Dramatik stark abgewandelt ist. Im einzelnen: Schauplatz ist (abweichend von Sophokles) Oichalia. Nach Tötung des Königs Eurytos schickt Hercule seinen Gefährten Philoctète zu der gefangenen Königstochter Jole, um ihr seine Liebe zu versichern. Aber auch Philoctète liebt Jole. Inzwischen kommt Déjanire, die nach der Nachricht von der Eroberung Oichalias zu Hercule eilt, dort an, wird aber von Hercule wieder weggeschickt. Sie erfleht, haßerfüllt über die Zurückweisung, die Hilfe Junos. Jole erwidert die Liebe Hercules nicht; daher verzichtet Déjanire auf das Zaubermittel des Nessos-Gewandes und will Jole in ihre Heimat (hier: Kalydonien) mitnehmen, um sie vor den Nachstellungen Hercules zu schützen. Hercule entdeckt die Fluchtpläne, fordert erneut Joles Liebe, die nachgibt, als Hercule Philoctète zu töten droht. Jetzt überreicht Déjanire Jole das Nessos-Gewand als Hochzeitsgeschenk für Hercule. Hochzeit Hercules mit Jole; Opferzeremonien vor dem Tempel des Jupiter. Jole überreicht das Gewand, dessen Gift Hercule zerfrißt. Déjanire erkennt die Rache des Nessos. Sterbend besteigt Hercule den Scheiterhaufen, den Jupiter mit dem Blitz entzündet, der Hercule dann in den Olymp führt. Zu dieser Tragödie komponierte Camille Saint-Saëns eine Schauspielmusik (Vorspiel zu den einzelnen Akten, Vertonung der Chorszenen, Melodramen, Pantomimen). Freilichtaufführungen (ohne Musik) am 28. und 29. 8. 1898 in der Stierkampfarena der südfranzösischen Stadt Béziers.

20. Jahrhundert

Wieder stärkeres Aufkommen dramatischer Bearbeitungen.

CAMILLE SAINT-SAËNS (1835-1921), ›Déjanire‹. Uraufführung am 14. 3. 1911 in Monte Carlo. Libretto vom Komponisten nach der Tragödie von Louis Gallet (S. 92 f.). Umgestaltung zur Oper, dabei aber weitgehende Beibehaltung der Struktur der griechischen Tragödie (Gliederung der Akte durch Chorlieder); Vertonung der im Drama von Gallet gesprochenen solistischen Partien. Die Oper war zunächst erfolgreich (17 Aufführungen in Paris 1912/13; ferner in Brüssel). Deutsche Erstaufführung (Übersetzung von Paul Hiller) 1912 in Dessau. Saint Saëns hat sich auch sonst mit Themen des antiken Dramas auseinandergesetzt. Zur Heraklesthematik gehören die symphonischen Tondichtungen ›Le rouet d'Omphale‹ (1872) und ›La jeunesse d'Hercule‹ (1877). Bedeutend, aber weitgehend unbekannt ist die Schauspielmusik zur ›Antigone‹ des Sophokles.

FRANK WEDEKIND (1864-1918), ›Herakles‹ (1917). Dramatisches Gedicht in 11 Szenen. Uraufführung am 1. 9. 1919 im Prinzregenten-Theater in München. Gezeigt wird Herakles in verschiedenen Beziehungen zu Frauen, so zu Omphale, Dejaneira, Jole, Hebe. Herakles erscheint dabei als dumpfer, unsympathischer Triebmensch, ohne Kontrolle über seine Handlungen, der in blinder Gewalt tötet, mit roher Kraft alles zu haben sucht, ohne dabei die Gefühle anderer zu beachten. Die so von ihm Behandelten reagieren darauf mit Abneigung und Ablehnung – was Herakles stets nur noch mehr zu neuen Untaten reizt. Die Szenen 5 (›Dejaneira‹), 7 (›Jole‹) und 10 (›Jole und Dejaneira‹) weisen Entsprechungen, aber auch Abwandlungen gegenüber der Tragödie des Sophokles auf. Szene 5: Nach der Besiegung des Flußgottes Acheloos Hochzeit zwischen Herakles und Dejaneira. Als ein Sängerknabe aus Versehen Wein über das Kleid der Braut gießt, erschlägt Herakles diesen in blinder Wut. Die Hochzeitsgesellschaft wendet sich empört ab, nur Dejaneira nicht, der gegenüber sich Herakles allerdings gleichgültig verhält. Szene 7: Jole, von Herakles vergewaltigt, widersetzt sich ihm beharrlich. Szene 10: Weitgehend nach Sophokles. Hyllos berichtet von der Wirkung des giftgetränkten Kleides. Dejaneira gibt Jole die Schuld, ohne sie hätte sie niemals das Wundermittel ausprobiert. Selbstmord der Dejaneira; Herakles befiehlt gebieterisch die Hochzeit zwischen Hyllos und Jole, die davon aber wenig begeistert sind.

Im ganzen Herakles als Triebmensch, teilweise Übermensch (»Zwischen Gottheit und Menschheit im Ehebruch gezeugt, von den Göttern verhöhnt, von den Menschen verhaßt, schaff ich neu mir Bahn, überrennend, was breit in die Quere sich stellt«).

PER HALLSTRÖM (1866-1960), ›Nessosdräkten‹ (1919). Komödie.

RICIOTTO CANUDO (1879-1923), ›La mort d'Hercule‹. Tragödie.

KURT WEILL (1900-1950) ›Royal Palace‹. Ballett-Oper; Text von Yvan Goll. Uraufführung am 2. 3. 1927 an der Staatsoper Berlin. Drei Männer: der Ehemann, der Geliebte von gestern, der Verliebte von morgen bemühen sich um Dejaneira. Sie fühlt sich von keinem verstanden, gibt alle drei auf und geht ins Wasser. Die letzten Worte: »Hilfe, es ist jemand ertrunken«. Eine Handlung gibt es nicht; Schauplatz ist die Terrasse vor einem Palast an einem italienischen See mit Palmen und Zypressen. Hinter der Szene ein Frauenchor. Keinerlei inhaltlicher Bezug zur antiken Tragödie.

EZRA POUND (1885-1972), ›The Women of Trachis‹ (1953). Tragödie. Deutsche Übersetzung von Eva Hesse. Nach einer Rundfunksendung vom 25. 11. 1953 zahlreiche Aufführungen auf Bühnen mehrerer Länder. Deutsche Erstaufführung 1959 im Berliner Schillertheater (Regie: Hans Lietzau) und bald darauf in Darmstadt (Regie: Gustav Rudolf Sellner). Inhaltlich enger Anschluß an Sophokles; im Stil Annäherung an eine Alltagssprache (z.B. Vers 1: »keiner weiß was ihm blüht, bevor er tot ist. Das hör ich dauernd«). Dadurch werden die Heroen zu normalen Menschen und die Problematik eine alltägliche (Untreue des Gatten) mit der Folge einer leichteren Identifizierbarkeit durch den (heutigen) Leser. Stärkerer Abstand im stilistischen Niveau zwischen Sprechpartien und Chorliedern, die zwar einfach und klar, aber in kunstvoll lyrischer Diktion gestaltet sind.

JOHN C. EATON (geb. 1935), ›Heracles‹ (1964). Oper; Libretto von M. Fried. Kontamination von Sophokles und Seneca. Uraufführung am 15. 4. 1972 im Opernhaus von Bloomington (Indiana).

PETER WEISS (1916-1982), ›Die Ästhetik des Widerstandes‹ (1975-1981). Darin die Herakles-Deianeira-Geschichte in starker Abwandlung. Nessos – hier ein Züchter von Wasserbüffeln – entführt Deianeira, die ein Leben unter Pferden der Ehe mit Herakles bei weitem vorgezogen hätte. Von Herakles ständig allein gelassen, beginnt sie ein Verhältnis mit Nessos. Als Herakles nach seinen Abenteuern zurückkehrt, findet er Deianeira voll Haß gegen sich vor. Er tötet Nessos mit vergifteten Pfeilen. Sein Ende findet Herakles nicht durch das mit dem Nessosblut vergiftete Gewand, sondern höchst realistisch: »Deianeira hatte alle vorderasiatischen Geschlechtskrankheiten weitergegeben, die der brünstige Pferdemann nach jahrelangen Umtrieben mit Herden von Getier in sie hineingestoßen hatte«. Die Sage vom vergifteten Gewand hat der auf seinen Nachruhm bedachte Herakles nur erfunden, um seinen Ruf zu wahren. Herakles ist hier nicht mehr der antike Wohltäter, auch nicht mehr der bloße Triebmensch, sondern zugleich der Betrüger, der die Entrückung in den Olymp nicht verdient hat, dem es »nur gelungen war, den Glauben an übermenschliche, das heißt: göttliche Fähigkeiten zu verbreiten«. »Den Handelsherren, den Bankleuten, allen, die nach Gewinn, nach Erfolg trachteten, wurde er zum Schutzheiligen. Der Schlemmerei, der Libertinage wurde er zum Vorbild. Die Notleidenden wußten nur noch wenig mit ihm anzufangen«.

ABBILDUNGEN

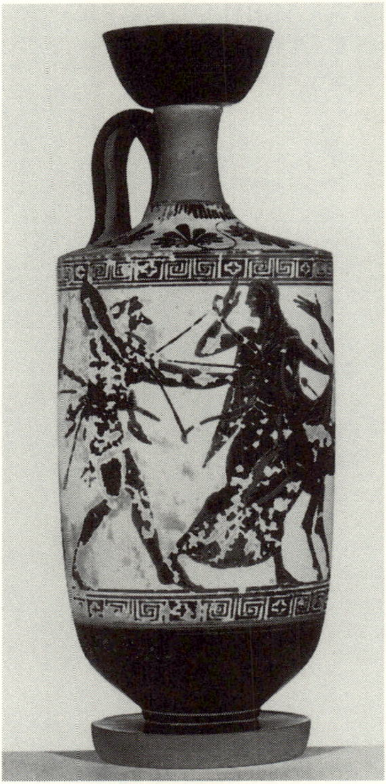

Abbildung 1 und 2
Schwarzfigurige Lekythos, attisch.
München, Staatliche Antikensammlungen, Inv. 1905.
Sogenannter Edinburgh-Maler.
Um 500 v. Chr. Herakles befreit Deianeira
aus den Händen von Nessos.

Abbildung 3
Rotfigurige Schale, attisch. Boston, Museum of Fine Arts,
Inv. 00.344, aus Tarquinia.
Bemalt von Aristophanes. 410-400 v. Chr.
Herakles befreit Deianeira aus den Händen
von Nessos.

Abbildung 4
Rotfiguriger Glockenkrater, attisch. München, Staatliche Antikensammlungen, Inv. 6026. Sogenannter Pourtalès-Maler. 380-360 v. Chr. Herakles empfängt Hyllos von Deianeira.

Abbildung 5
Rotfigurige Pelike, attisch. London, British Museum, Inv. E 370, aus Nola. In der Art des sogenannten Wäscher-Malers. Um 430 v. Chr. Herakles übergibt sein Löwenfell und seine Keule einer Dienerin der Omphale.

Abbildung 6
Rotfigurige Pelike, attisch. London, British Museum, Inv. E 370, aus Nola. In der Art des sogenannten Wäscher-Malers. Um 430 v. Chr. Omphale streckt fordernd ihre rechte Hand aus, um Herakles Löwenfell und Keule zu erhalten.

Abbildung 7
Schwarzfigurige Amphora, attisch. Madrid,
Museo Arqueológico Nacional, Inv. 10916, aus Vulci.
In der Nähe des sogenannten Sappho-Malers.
Um 500 v. Chr. Herakles in Oichalia.

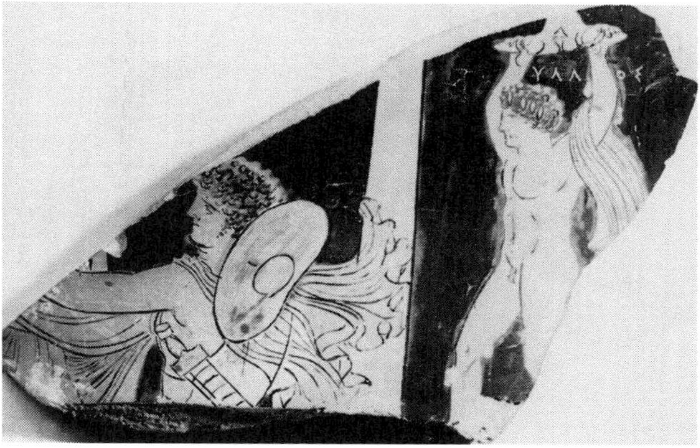

Abbildung 8
Fragmente eines rotfigurigen Kraters, apulisch. Basel, Slg. H. A. Cahn, Inv. 299. Sogenannter Dareios-Maler. Um 330 v. Chr. Hyllos beim sterbenden Herakles.

Abbildung 9
Rotfigurige Pelike, attisch. München, Staatliche Antikensammlungen, Inv. 2360, aus Vulci. Sogenannter Kadmos-Maler. 420-400 v. Chr. Apotheose des Herakles.

Abbildung 10
Rotfiguriger Glockenkrater, attisch. Ehem. S. Agata de' Goti, Slg. Mustilli. Sogenannter Maler von London F 64. 400-380 v. Chr. Apotheose des Herakles.

Abbildung 11
Bronzegruppe von Charles Crotazier nach Adriaen de Vries. Karlsruhe, Badisches Landesmuseum, Inv. 66/100. 19. Jh. (Das Original um 1603). Herakles über besiegtem Nessos, Deianeira in seinen Händen haltend.

Abbildung 12
Relief auf Kalksteinsockel von Johann Gabriel Räntz und Johann Schnegg. Bayreuth, Eremitage, Park. 1750-1752. Herakles auf dem Scheiterhaufen.

ÜBERLEGUNGEN ZU DEN FÜR DIE TRACHINIERINNEN RELEVANTEN HERAKLESEPISODEN IN DER ANTIKEN UND NEUZEITLICHEN BILDKUNST

von Rainer Vollkommer

Als Sophokles in den 30er Jahren des 5. Jhdts. v. Chr. die ›Trachinierinnen‹ verfaßte, waren die Darstellungen des Herakles bereits einem großen Wandel unterworfen. Bis um 450 v. Chr. zeichneten sich Heraklesszenen durch ihre große Häufigkeit und Vielfalt aus. Auf attischen Vasen des 6. und der 1. Hälfte des 5. Jhdts. v. Chr. übertrafen die Bilder des Helden an Reichtum alle anderen bei weitem. Herakles war der Inbegriff des idealen archaischen Helden, der aber – im Gegensatz zu allen anderen Heroen vergangener mythischer Zeiten – dank seiner umfangreichen Taten, die dem Wohle der Menschheit dienten, am Ende zum Gott erkoren worden ist. So lobte z. B. Pisander Herakles' Abenteuer und bezeichnete ihn als »Reiniger des Bösen«. Daher standen vor allem seine zahlreichen Kämpfe mit furchtbaren Tieren und Menschen im Mittelpunkt der Szenerien. Von der Bezwingung des Nemeischen Löwen besitzen wir sogar mit ca. 700 Szenen mehr Bilder auf attischen Vasen im 6. Jhdt. v. Chr. als insgesamt Darstellungen von Abenteuern des Herakles zwischen 450 und 300 v. Chr.

Auf attischen Vasen, die zwischen 570 und 490 v. Chr. hergestellt worden sind, erfreuten sich die kanonisierten Herakles-Arbeiten mit 50% aller Wiedergaben und die übrigen Taten mit etwa 25% aller Bilder großer Beliebtheit. Besonders geschätzt waren der Kampf mit dem Nemeischen Löwen, dem Kalydonischen Eber, dem Kretischen Stier, den Amazonen, Kerberos, Kyknos, Pholos und Nereus, der

Streit um den delphischen Dreifuß und, als einzige friedvolle Version, seine Apotheose. Zwischen 490 und 450 v. Chr. blieben auch weiterhin die gewaltvollen Auseinandersetzungen mit etwa 75% aller Szenen am populärsten auf den attisch-rotfigurigen Vasen, nur das Verhältnis zueinander änderte sich je nach der Geschichte. So sanken der Kampf mit dem Nemeischen Löwen von ca. 25% aller Darstellungen auf etwa 4% und die Amazonomachie von ca. 13% auf etwa 6%, der Streit um den delphischen Dreifuß stieg hingegen von 5% auf 10% an. Drei Episoden waren erstmals beim Käufer besonders gefragt, die Gigantomachie, die Auseinandersetzung mit dem ägyptischen König Busiris und sein Kontakt zu den Satyrn. Nach 450 v. Chr. verändert sich das Repertoire auf attischen Vasen drastisch. Die kampfbetonten Abenteuer des Herakles verlieren immer mehr an Bedeutung und fallen von vorher 75% aller Wiedergaben auf 25% ab. Beliebt wurden nun Szenen mit friedlichem Inhalt und mit Anspielungen auf Herakles' göttliches Ende. So sehen wir auf attischen Vasen jetzt häufig seine Apotheose, sein Zusammensein mit Göttinnen und Göttern oder die Legende mit den Äpfeln der Hesperiden. Gerade bei der letzten Geschichte ist bezeichnend, daß Herakles als strahlender Held gezeigt wird, dem die Hüterinnen des Baumes in Liebe verfallen sind und ihm wohlwollend die goldenen Früchte, die den Göttern immer wieder ihre Unsterblichkeit schenken, pflücken und überreichen, während meist der Gott der Liebe, Eros, über den Protagonisten schwebt. Der ebenfalls den Wunderbaum bewachende, schreckenerregende Drachen Ladon ist entweder gänzlich verschwunden oder fristet nur noch ein kümmerliches Dasein als sehr einfache, um den Baum gewundene Schlange, die nicht mehr in das Geschehen eingreift und von Herakles bezwungen werden muß.

Dieser Wandel von aktionsreichen Kämpfen zu friedvollen Stimmungsbildern auf den attischen Vasen ist um so aussagekräftiger, weil die narrativen Bilder der Archaik augenscheinlich attraktiver sein müßten als die langweilig anmutenden Situationsschilderungen der Klassik. Daß dies jedoch für den damaligen Käufer offensichtlich nicht der Fall war, hing natürlich mit der Wandlung des Heldenideals an sich zu dieser Zeit zusammen, die dann auch die Kunst beeinflußte. Der archaische Kämpfer hatte ausgedient, der vermenschlichte Friedensbringer war gefragt. So rühmte Pindar (*Nem.* 10, 53; 11, 27; *Ol.* 2, 3; 3, 11; 6, 68; 10, 24 ff.) vor allem den friedvollen und athletischen Herakles. Pindars Zeitgenosse Bakchylides besang in dem im Jahre 476 v. Chr. geschaffenen Siegeslied für Hieron von Syrakus die Menschlichkeit des Herakles, als der Held in der Unterwelt den verstorbenen Heroen Meleager antrifft und über dessen unglückliches Schicksal weint.

Auch Sophokles' Charakterisierung von Herakles läßt sich hier anschließen. Die Empfindungen (Schmerz, Wut, Verzweiflung, usw.) spielen eine große Rolle. Ein Teil der glorreichen Taten des Herakles wird hingegen lediglich an zwei Stellen (1059-1060. 1092-1100) kurz erwähnt. Ansonsten werden nur die Kämpfe mit Acheloos (9 ff., 507 ff.), mit Nessos (555 ff.) und um die Stadt Oichalia (8, 74 f., 244 f., 269 ff.) näher erläutert, weil sie für die Lebensgeschichte der Deianeira von Bedeutung sind.

Durch den Sieg über Acheloos errang Herakles als Gattin Deianeira. Diese Episode findet sich des öfteren in der archaischen und frühklassischen Kunst. Herakles bezwingt dabei im Kampf Acheloos, der in der Gestalt eines Mannstieres, Tritons, Kentauren oder Menschen gebildet ist. Aus der 2. Hälfte des 5. Jhdts. v. Chr., zur Zeit als Sophokles die ›Trachinierinnen‹ schrieb, kennen wir bisher keine einzige Darstellung. Erst im 4. Jhdt. zeigen wieder einige wenige Objekte Herakles mit Acheloos (Vollkommer, Herakles

Nr. 178*-181), doch auch dann wird niemals der Kampf illustriert.

Der Kampf mit Nessos ist natürlich für Sophokles' Stück von zentraler Bedeutung. Nur durch den Tod des Kentauren kam Deianeira zu dem fatalen Gift, das Herakles' Schicksal besiegelte. Die Darstellung des Kampfes war schon in der archaischen Kunst sehr beliebt. Möglicherweise zeigen bereits drei protoattische Vasen (LIMC VI s.v. Nessos Nr. 36*. 89*. 114*) und ein Elfenbeinrelief (LIMC VI s.v. Nessos Nr. 119*) des 2. Viertels des 7. Jhdts. v. Chr. diese Konfrontation. Die durch Inschriften erste gesicherte Szene befindet sich auf einer attisch-schwarzfigurigen Amphora des sogenannten Nessosmalers im Athener Nationalmuseum (LIMC VI s.v. Nessos Nr. 113*). Meistens streckt Herakles Nessos mit einem Schwert oder einer Keule nieder.

Nur ganz selten tötet der Held den Kentauren durch Pfeile, wie es Sophokles (566 ff.) schildert. Eines dieser seltenen Bilder sehen wir auf unseren ersten beiden Abbildungen. Auf dieser schwarzfigurigen Lekythos in der Münchener Antikensammlung, die um 500 v. Chr. in Athen von dem sogenannten Edinburghmaler ausgeführt worden ist, eilt von links der mit dem Löwenfell bekleidete Heros herbei und spannt erneut den Bogen. Drei Pfeile haben bereits den vor ihm nach rechts laufenden Pferdemenschen getroffen. Aus seinen Wunden spritzt das Blut in Strömen. In der linken Hand hält Nessos noch einen Stein wurfbereit, während er mit der rechten um Gnade fleht. Er bäumt sich zum letzten Mal auf, sein Mund, aus dem Todesschreie quellen, ist weit geöffnet. Zwischen Herakles und Nessos steht die nach rechts schreitende Deianeira, die, um Hilfe rufend, heftig mit den Armen gestikuliert. Rechts sitzt thronend ihr Vater Oineus, der von der Ferne aus das furchtbare Geschehen verfolgt. Diese Vase schildert den Vorgang ähnlich wie später Sophokles, doch liegt zwischen beiden mehr als ein halbes Jahrhundert, und der Tragiker kannte dieses Gefäß wohl sicherlich nicht. Die wenigen anderen Darstellungen befinden sich ebenfalls auf zeitlich zu weit entfernten, unbedeutenden Gegenständen, als daß Sophokles durch sie hätte inspiriert werden können.

Aus dem 3. Viertel des 5. Jhdts. v. Chr. kennen wir bisher keine Wiedergabe des Kampfes zwischen Herakles und Nessos (zum Problem der ähnlichen Darstellungsweise der Auseinandersetzung zwischen Herakles und dem Kentauren Dexamenos siehe Vollkommer, Herakles S. 26-28). Erst im letzten Viertel des 5. Jhdts. v. Chr. erschienen wieder solche Szenen auf drei Gefäßen (Vollkommer, Herakles Nr. 190-192), die alle vom attischen Vasenmaler Aristophanes verziert worden sind. Auf der Abb. 3 sehen wir eines dieser Beispiele. Es handelt sich um die Innenseite einer Schale im Bostoner Museum of Fine Arts (LIMC VI s.v. Nessos Nr. 63 a*), die im 19. Jhdt. in einem Grab in Tarquinia gefunden worden ist. Der links stehende Herakles holt mit der in der Rechten gehaltenen Keule zum Schlag aus und packt mit der Linken Nessos am Schopf. Er stoppt so den nach rechts ausgeführten Fluchtversuch des Kentauren, der sich dadurch aufbäumt. Der Pferdemensch umfaßt noch fest mit beiden Händen die Hüften der Deianeira, die, sich heftig wehrend, mit allen Körperextremitäten um sich schlägt. Ihre rechte Hand und ihr Gesicht wendet sie hilfesuchend ihrem Gatten zu. Im kleinen Zwickel des Runds unter der Bodenlinie hat sich Aristophanes als der letzte signierende attische Vasenmaler verewigt. Er steht hiermit am Ende einer langen Kette von stolzen attischen Vasenmalern, die ihre gelungensten Werke seit der 1. Hälfte des 6. Jhdts. v. Chr. mit ihren Namen versahen. Eine fast identische Nessosszene vom gleichen Maler, aber ohne seine Künstlerinschrift stammt aus demselben Grab in Tarquinia (LIMC

VI s. v. Nessos Nr. 63 b*). Es zeugt davon, daß die damaligen Maler nicht nur bestimmte Typen mehrmals fertigten, sondern auch ganze Szenen. Offensichtlich gefiel diese Verdoppelung auch dem letzten Besitzer der Trinkschalen, der beide zusammen ins Grab legte oder legen ließ. Diese wie auch alle späteren in der Antike geschaffenen Bilder zeigen uns weiterhin, daß sie wegen ihrer unterschiedlichen Schilderungen nicht von Sophokles' ›Trachinierinnen‹ beeinflußt worden sind.

Das harmonische Beisammensein der Familie des Herakles, wie es sich Deianeira im Stück des Sophokles nach all den Trennungen von ihrem Gatten ersehnt, schildern in einer ähnlich gestalteten Atmosphäre bisher nur sechs Darstellungen, die sich alle auf attischen Vasen befinden und die zwischen 500 und 450 und um 380 v. Chr. entstanden sind (LIMC IV s. v. Herakles Nr. 1674*-1679*). Auch wenn Sophokles die früheren Darstellungen nicht kannte, scheinen die Vasenmaler wie auch der Tragiker auf eine gemeinsame in Attika vorhandene Vorstellung zurückzugreifen. Die um 380 v. Chr. auf einem Glockenkrater gemalte Familienszene (*Umschlagmotiv* und *Abb.* 4) reflektiert wohl ebenfalls die gleiche Stimmung, war aber ihrerseits nicht von Sophokles inspiriert. In der Mitte sitzt Deianeira nach links gewandt und streckt mit beiden Händen den kleinen Hyllos dem Vater entgegen, der mit der Linken auf seine Keule gestützt ist und mit der Rechten den Knaben zu sich nehmen will. Hyllos breitet erfreut seine Hände zu seinem Vater aus. Hinter Herakles sitzt neben einer Herme ein bärtiger Mann mit einem Stab in der linken Hand, der sich zu dem Paar umwendet. Möglicherweise ist es der Vater von Deianeira, Oineus. Hinter Deianeira entfernt sich eine Dienerin mit einer Phiale in der erhobenen Rechten und einem Krug in der gesenkten Linken. Wahrscheinlich kredenzte sie dem gerade nach Hause zurückgekehrten Helden einen Willkommensgruß. Rechts neben ihr lehnt sich ein Jüngling auf einen Stock und beobachtet die freudige Begrüßungsszene. Es könnte sich bei ihm um Herakles' Gefährten Iolaos handeln, der ihn auf seinen Fahrten begleitete. Im Hintergrund deuten zwei Säulen und das geöffnete Fenster den Palast der Familie an. Wir können uns gut vorstellen, daß Sophokles' Deianeira bildlich von einer solchen Rückkehr ihres Gatten träumte.

In einer einzigen Szene wollte man bisweilen die Übergabe des vergifteten Gewandes an Herakles erkennen (siehe dazu Vollkommer, Omphale S. 35 Anm. 44-47). Es handelt sich um eine Darstellung auf einer rotfigurigen Pelike im British Museum in London, die um 430 in Athen bemalt worden ist (*Abb. 5-6*). Auf der Hauptseite (*Abb. 5*) überreicht der bärtige Herakles sein Löwenfell einer vor ihm stehenden Frau, die ihm im Gegenzug ein Kleidungsstück darreicht. Zwischen beiden befindet sich Herakles' Keule. Diese Wiedergabe birgt aber Unstimmigkeiten zu der uns bekannten Überlieferung der Reichung des vergifteten Kleides. Lichas ist nicht der Überbringer des Gewandes, sondern eine Frau, die wohl eine Dienerin ist. Zudem scheint sich Herakles über das Geschenk nicht zu freuen, sondern schaut sichtlich grimmig drein. Der Schlüssel zur Lösung der Identifizierung der Szene liegt dann auf der Rückseite, die von den Forschern unbeachtet blieb, aber sicherlich mit dem Hauptbild verbunden ist, so wie es häufiger auf Vasen vorkommt, daß Vorder- und Rückseite einer Erzählung angehören. Auf der Rückseite (*Abb. 6*) streckt eine Frau mit erzürntem Gesicht fordernd die rechte Hand aus und stemmt vehement die Linke in die Hüfte. Sie wartet ungeduldig darauf, daß der auf der Hauptseite stattfindende Kleidertausch endlich vollzogen wird, den Herakles nur verärgert und widerwillig vornimmt. Schließlich muß der große Held seine Attribute (Löwenfell und Keule, die er wohl wutentbrannt der

Dienerin zu Füßen geworfen hat) der Lyderkönigin Omphale als ihr Sklave übergeben und zu seiner Schande, wie es auch Sophokles (254) Lichas berichten läßt, statt des Löwenfells das sehr feinteilige und faltenreiche Gewand einer Frau anziehen! Es handelt sich auf der Pelike also sicherlich um den berühmten Kleidertausch am Hofe der Omphale, über den sich die Griechen immer wieder und gerade in der 2. Hälfte des 5. Jhdts. v. Chr. in Satyrspielen (Ion, Omphale, zwischen 451 und 421 v. Chr. [TrGF 1 Fr. 17a-33] und Achaios, Omphale, zwischen 447 und 405 v. Chr. [TrGF 1 Fr. 32-35]) und Komödien (Kratinos der Jüngere, Omphale, zwischen 425 und 400 v. Chr. [PCGr Fr. 4-5]) lustig machten (Siehe des weiteren Padilla und Vollkommer, Herakles S. 65-78). Eine Darstellung der Übergabe des vergifteten Kleides an Herakles kennen wir also hingegen aus der Antike bis jetzt nicht.

Herakles' Aufenthalt in Oichalia illustrieren nur ein korinthischer Kolonettenkrater von um 600/590 v. Chr. (LIMC V s. v. Iphitos I Nr. 1) und sechs attische Gefäße, die alle zwischen 510 und 480 v. Chr. hergestellt worden sind (LIMC V s. v. Iphitos I Nr. 2*-7). Während die korinthische Vase ein Bankett des Eurytos und seiner Söhne zu Ehren des Herakles in Anwesenheit der Iole illustriert, zeigen die attischen Bilder den an die Feier anschließenden Streit zwischen Herakles und Eurytos' Söhnen, nachdem ein Wettbogenschießen veranstaltet worden war. Am trefflichsten zeigt uns diese Situation (zudem mit Beischriften der einzelnen Teilnehmer versehen) eine schwarzfigurige Amphora aus Vulci im Madrider Archäologischen Nationalmuseum, die um 500/490 von einem Maler, der dem Sapphomaler nahestand, geschaffen worden ist (*Abb. 7*). Links spannt Herakles im Löwenfell den Bogen gegen einen zu ihm laufenden voll gerüsteten Krieger namens Antiphonos, der um Verzeihung bittet. Der mit langem weißen Haar und Bart als alter

Mann gekennzeichnete Eurytos versucht diesen, seinen letzten Sohn zu retten, indem er zwischen beide schreitet und mit stark gestikulierenden Händen Herakles um Gnade anfleht. Seine zwei anderen Söhne, Iphitos und Timonos, brechen bereits tödlich getroffen zusammen. Ganz rechts steht verzweifelt Iole, die mit beiden Händen ebenfalls um Vergebung bittet. Hinter ihr, neben ihrem Hals, ist noch eine Zielscheibe mit vier daran haftenden Pfeilen sichtbar. Die Zielscheibe zeigt, daß diese Szene wie auch die anderen attischen Wiedergaben sich an die fast gleichzeitigen Erzählungen des Herodoros von Herakleia (FGrH 31 Fr. 37) und Pherekydes von Athen (FGrH 3 Fr. 82) anlehnen, in denen berichtet wird, daß Herakles die Söhne des Eurytos tötete, nachdem er ein Wettbogenschießen gewonnen hatte, deren Preis Iole war, die dem Helden dann aber verweigert worden ist. Die wenigen attischen Darstellungen entsprechen also nicht dem Inhalt der ›Trachinierinnen‹ des Sophokles, bei dem Herakles ja Iphitos von der Mauer stürzt, nachdem er wegen übermäßiger Trunkenheit aus dem Palast des Eurytos entgegen den Gepflogenheiten der Gastfreundschaft geworfen worden ist.

Die vielleicht einzige wirklich von Sophokles inspirierte Szene befindet sich auf einem leider nur sehr kleinen Fragment eines rotfigurigen Kraters in der Sammlung Cahn in Basel, der um 330 v. Chr. in Apulien vom Dareiosmaler verziert worden ist (*Abb. 8*). Rechts steht Hyllos mit einem Lorbeer- oder Olivenkranz in den Haaren. Er hält in den erhobenen Händen ein Bukranion, als wolle er ihn nach links zum Hauptgeschehen schleudern. Dort steht neben einer Säule ein sich heftig nach links bewegender Mann mit Wanderhut, stark nach hinten wallendem Mäntelchen und um den Oberkörper gegürtetem Schwert. Er reißt mit der weit vorgestreckten Linken ein Stück Stoff an sich, das einer vor ihm stehenden Person gehört. Die Säule, das Bukranion und Hyllos' Blätterkranz, den man zu solchen rituellen Zeremonien in den Haaren trug, deuten auf eine Opferhandlung hin. Die Anwesenheit des Hyllos und der das Stoffteil an sich ziehende Jüngling sprechen dafür, daß der links erhaltene Teil eines Oberkörpers dem Herakles gehört und daß der rechts von dem Helden stehende Mann versucht, ihn von dem bereits angelegten fatalen Gewand zu befreien. Ob der Mann, der verzweifelt versucht, den Helden von dem Kleid zu erlösen, Lichas ist, der im nächsten Augenblick von Herakles, der von Schmerzen gepeinigt ist, ergriffen und weggeschleudert wird, bleibt ungewiß. Der verängstigte Hyllos scheint sich auf alle Fälle vorsichtshalber gegen seinen schon wutentbrannten Vater durch den Stierkopf einen Schutz bereiten zu wollen. Es ist sehr gut möglich, daß um 330 v. Chr. bei den theaterbegeisterten Griechen Apuliens Sophokles' ›Trachinierinnen‹ aufgeführt worden sind und der Dareiosmaler die Vorführung ins Bild umgesetzt hat. Wenn dies so wäre, hätten wir hier eine der ganz seltenen antiken Illustrationen zu einer griechischen Tragödie vor uns, und die einzige, die auf die ›Trachinierinnen‹ zurückzuführen wäre.

Die von Sophokles verschwiegene Apotheose des Herakles (zu den Darstellungen von Herakles auf dem Scheiterhaufen mit Philoktet siehe den Kommentar von Martin Flashar im Insel-Taschenbuch Nr. 2535: Sophokles' Philoktet) war bereits zwischen 560 und 480 v. Chr. ein beliebtes Thema auf attischen Vasen (LIMC V s.v. Herakles Nr. 2877*-2907). Herakles steht dabei neben oder auf dem Wagen, der zum Olympos fährt. Götter und Göttinnen, insbesondere seine Beschützerin Athena, begleiten ihn. In der 2. Hälfte des 5. Jhdts. v. Chr. ist das Sujet dagegen nur auf einer attischen Vase zu sehen, und zwar auf einer rotfigurigen Pelike aus Vulci in den Münchener Antikensammlungen, die um 420/400 v. Chr. vom sogenannten

Kadmosmaler ausgeführt worden ist (*Abb. 9*). Herakles und Athena stehen bereits im Wagen und werden nun zum Olympus aufsteigen. In der Mitte unten brennt noch der Scheiterhaufen, in dem der Panzer des Helden liegt. Rechts nähern sich die zwei Quellnymphen Premnousia und Arethousa, um das Feuer zu löschen. Links versuchen die Satyrn Hybris, der ›Übermut‹, und Skopas, der ›Späher‹, aufgeregt, unerlaubt den Panzer aus dem Feuer zu ergattern. Wahrscheinlich reflektiert diese Szene ein Satyrspiel, in dem die Satyrn auf lustige Weise die Attribute des Herakles stehlen wollen, wie es auch zwei andere fast gleichzeitige attische Vasenbilder, die den schlafenden Herakles zeigen, schildern (Vollkommer, Herakles Nr. 502-503). Herakles war allgemein eine sehr beliebte Gestalt für Satyrspiele (siehe dazu Padilla und Vollkommer, Herakles S. 65-72). Allein von Sophokles kennen wir vier Satyrspiele, in denen Herakles auftaucht (›Herakleiskos‹ [TrGF 4 Fr. 223a-b], ›Herakles in Tainaros‹ [TrGF 4 Fr. 225-227], ›Kerberos‹ [TrGF 4 Fr. 327a] und ›Hybris‹ [TrGF 4 Fr. 670-671]). Doch leider können wir keine einzige Heraklesdarstellung einer bestimmten Aufführung zuordnen.

Während also in der 2. Hälfte des 5. Jhdts. v. Chr. nur diese attische Vase Herakles' Apotheose illustriert, gehört zwischen 400 und 380 v. Chr. das Thema zu den populärsten auf attischen Gefäßen überhaupt (Vollkommer, Herakles S. 32-37). Als Beispiel sei hier der verschollene rotfigurige Glockenkrater aus der Slg. Mustilli angeführt (*Abb. 10*). Herakles steht mit Nike im Wagen. Sie sind gerade dabei, zum Olymp zu fahren, und werden von dem vor den Pferden stehenden Götterboten Hermes geleitet. Der ganz links oben sitzende Apollon beobachtet (oder erwartet im Olymp) die Aufsteigenden. Rechts oben verfolgt ein bärtiger Mann das Geschehen. In der Mitte unten brennt wiederum noch der Scheiterhaufen, in dem der Panzer des

Helden glänzt. Während eine Quellnymphe das Feuer mit Wasser aus einer Hydria löschen will, weicht rechts Philoktetes noch erschrocken über das Ereignis zurück. Nach 380 v. Chr. begegnen wir dieser Episode des öfteren nur noch auf apulischen Vasen zwischen 380 und 310 v. Chr. (Vollkommer, Herakles Nr. 226. 231*-233 und 250) und kalenischen Reliefphialen des 3. Jhdts. v. Chr. (Dresel, Nr. 28). Danach erscheinen solche Bilder nur noch sehr sporadisch bei den Römern.

Genauso marginal wie Sophokles' Stück im Verhältnis zu den Darstellungen seiner oder der ihm vorausgehenden Zeit war, genauso wenig Wirkung fand sein Stück auf die spätere Kunst. In der Antike spiegelt wahrscheinlich nur eine einzige apulische Vase eine Szene aus Sophokles' Werk wider. Auch in der Neuzeit scheinen die ›Trachinierinnen‹ kaum in die Kunst eingegangen zu sein. Die vielen Szenen, die auch in den ›Trachinierinnen‹ behandelt werden, wurden in der Regel von Ovids ›Metamorphosen‹ und Senecas ›Hercules auf dem Oeta‹ beeinflußt. Am beliebtesten waren vor allem die Nessosgeschichte und Herakles' Tod und Apotheose. Die versuchte Entführung der Deianeira durch den Kentauren reizte die Künstler sicherlich allein schon durch ihre erotische Komponente, die auch auf den Werken stark zu spüren ist. Dabei kann Nessos allein mit der bereits meist entblößten Deianeira gezeigt werden, wie es z. B. auf vielen Bronzen von Giambologna (1529-1608) der Fall ist, oder zusammen mit Herakles, wie es z. B. Giambolognas Schüler Adriaen de Vries (um 1550-1626) schildert und uns eine Bronzegruppe von Charles Crotazier (1795-1855), nach Adriaen de Vries, zeigt (*Abb. 11*). Adriaen de Vries schuf sein Werk wahrscheinlich im Auftrag des Kaisers Rudolf II. für seinen Hof in Prag um 1603 in Florenz. Der Pferdemensch ist bereits tödlich getroffen und auf einem Felsen zusammengebrochen. Mit letzter Kraft will er noch mit der rechten Hand einen Pfeil aus seinem Rücken ziehen. Über ihm steht triumphierend Herakles, der mit beiden Händen die nackte Deianeira hochhebt. Seine Gattin hält in der rechten Hand eine eckige Büchse, in der sie das fatale Blut des Nessos aufgefangen hat.

Neben diesen meist sehr erotisch angehauchten Deianeiraszenen liebt vor allem die Barockkunst die Szenen von Herakles' Tod und Apotheose, die sich ja auch bestens für ein Herrscherideal eignen und daher häufig auf Kunstwerken herrscherlicher Präsentation in Schlössern und in ihren Gärten erscheinen. Als Beispiel sei hier zuletzt ein Relief auf einem Kalksteinsockel von Johann Gabriel Räntz und Johann Schnegg gezeigt, das nach Zeichnungen von Saint-Pierre zwischen 1750 und 1752 gemeißelt worden ist und noch heute im Park der Eremitage bei Bayreuth aufgestellt ist. Herakles windet sich heroenhaft mit vor Schmerz verzehrtem Gesicht über den entfachten Scheiterhaufen, dessen Flammen zu lodern beginnen. Schon bald wird er den Tod überwunden haben und zum Olymp aufsteigen, wie es sich auch die Barockherrscher für sich erhofft haben.

LITERATURANGABEN

Zu den antiken Bildzeugnissen (Sammelwerk):

Lexicon Iconographicum Mythologiae Classicae (LIMC), Bd. I 1 (Zürich/München 1981), S. 12-36, s.v. Acheloos (H.P. Isler); Bd. I 2, Taf. 19-54.

Lexicon Iconographicum Mythologiae Classicae (LIMC), Bd. IV 1 (Zürich/München 1988), S. 728-838 s.v. Herakles (J. Boardman et alii); Bd. IV 2, Taf. 444-559. Siehe insbesondere S. 834-835 (Herakles und Deianeira).

Lexicon Iconographicum Mythologiae Classicae (LIMC), Bd. V 1 (Zürich/München 1990), S. 1-192 s.v. Herakles (J. Boardman et alii); Bd. V 2, Taf. 6-161. Siehe insbesondere S. 121-132 (Herakles' Tod und Apotheose).

Lexicon Iconographicum Mythologiae Classicae (LIMC), Bd. V 1 (Zürich/München 1990), S. 579-582 s.v. Hyllos I (M. Schmidt); Bd. V 2, Taf. 400.

Lexicon Iconographicum Mythologiae Classicae (LIMC), Bd. V 1 (Zürich/München 1990), S. 701-702 s.v. Iole I (R. Olmos); Bd. V 2, Taf. 465.

Lexicon Iconographicum Mythologiae Classicae (LIMC), Bd. V 1 (Zürich/München 1990), S. 738-741 s.v. Iphitos I (R. Olmos); Bd. V 2, Taf. 483-484.

Lexicon Iconographicum Mythologiae Classicae (LIMC), Bd. VI 1 (Zürich/München 1992), S. 838-847, s.v. Nessos (F. Díez de Velasco); Bd. VI 2, Taf. 534-554.

Zu den antiken Bildzeugnissen (Einzeluntersuchungen):

J. Boardman, Herakles in Extremis, in: Studien zur Mythologie und Vasenmalerei. Festschrift Konrad Schauenburg, hrsg. v. E. Böhr – W. Martini (Mainz 1986) S. 127-132.

B. Cohen, The Nemean Lion's Skin in Athenian Art, in: Le Bestiaire d'Héraclès, IIIe Rencontre héracléenne, hrsg. v. C. Bonnet – C. Jourdain-Annequin – V. Pirenne-Delforge, Kernos Suppl. 7 (Lüttich 1998), S. 127-139.

J. Dresel, in: M. Flashar – G. Hiesel (Hrsg.), Konturen. Vasen der

Berliner Antikensammlung in Freiburg (München 1997), S. 76-77, Nr. 28 mit Abb.

M. W. Padilla, Herakles and Animals in the Origins of Comedy and Satyr-Drama, in: Le Bestiaire d'Héraclès, IIIe Rencontre héracléenne, hrsg. v. C. Bonnet – C. Jourdain-Annequin – V. Pirenne-Delforge, Kernos Suppl. 7 (Lüttich 1998), S. 217-230.

R. Olmos Romera, Die Einnahme von Oichalia. Zur Interpretation der Bauchamphora des Sappho-Malers in Museo Arqueológico Nacional Madrid, in: Madrider Mitteilungen 18, 1977, S. 130-147.

K. Schefold, Götter- und Heldensagen der Griechen in der spätarchaischen Kunst (München 1978), S. 35-46. 146-150

K. Schefold – F. Jung, Die Urkönige, Perseus, Bellerophon, Herakles und Theseus in der klassischen und hellenistischen Kunst (München 1988), S. 185-190. 219-229.

K. Schefold, Götter- und Heldensagen der Griechen in der früh- und hocharchaischen Kunst (München 1993), S. 108-114. 248-254.

M. Schmidt, Herakliden. Illustrationen zu Tragödien des Euripides und Sophokles, in: Gestalt und Geschichte. Festschrift Karl Schefold, hrsg. v. M. Rohde-Liegle – H. A. Cahn – H. Chr. Ackermann, 4. Beih. Antike Kunst (Bern 1967), S. 174-185.

R. Vollkommer, Herakles – Die Geburt eines Vorbildes und sein Fortbestehen bis in die Neuzeit, in: Idea. Jahrbuch der Hamburger Kunsthalle 6, 1987, S. 7-29.

R. Vollkommer, Herakles in the Art of Classical Greece (Oxford 1988) (= Vollkommer, Herakles).

R. Vollkommer, Die früheste Darstellung der Omphale?, in: Annales d'Histoire de l'Art et d'Archéologie 10, 1988, S. 27-37 (= Vollkommer, Omphale).

R. Vollkommer, Tendenzen in der gleichzeitigen attischen und unteritalischen Vasenmalerei anhand der Heraklesdarstellungen, in: Kunst und Kultur der Magna Graecia, Schriften des Deutschen Archäologen-Verbandes XI (Tübingen 1990), S. 35-45.

Rezeption in der nachantiken Bildenden Kunst (Sammelwerke):
J. Davidson Reid, The Oxford Guide to Classical Mythology in the Arts 1300-1990s, Bd. 1 (New York/Oxford 1993), S. 535-539 und 544-548 s. v. Herakles und Deianeira, respektive Herakles' Tod und Apotheose.
A. Pigler, Barockthemen[2] (Budapest 1974), S. 127-133.

Rezeption in der nachantiken Bildenden Kunst (Einzeluntersuchungen):
G. K. Galinsky, The Herakles Theme (Oxford 1972).

Für die Überlassung oder Besorgung von Fotografien danke ich recht herzlich P. Cabrera Bonet (Madrid), Herbert A. Cahn (Basel), Martin Flashar (Freiburg i. Br.), Wilhelm Friedrich Hamdorf (München), Brigitte Herbach-Schmidt (Karlsruhe), Bertrand Jaeger (Basel), Michael Maaß (Karlsruhe), Bruno Magri (Basel), Dyfri Williams (London).

Rainer Vollkommer

Umschlagabbildung: Rotfiguriger Glockenkrater, attisch. München, Staatliche Antikensammlungen, Inv. 6026. Sogenannter Pourtalès-Maler. 380-360 v. Chr. Herakles empfängt Hyllos von Deianeira.

AUSGEWÄHLTE LITERATUR ZU DEN ›FRAUEN VON TRACHIS‹ DES SOPHOKLES

J. Heinz, Zur Datierung der Trachinierinnen, in: Hermes 72 (1937), S. 270-300.

F. Stoessl, Der Tod des Herakles, Zürich 1945.

E.R. Schwinge, Die Stellung der Trachinierinnen im Werk des Sophokles (Hypomnemata 1), Göttingen 1962.

St. G. Kapsomenos, Sophokles' Trachinierinnen und ihr Vorbild, Athen 1962.

P.E. Easterling, Sophocles, Trachiniae, in: Bull. Inst. Class. Stud. London 15 (1968), S. 58-69.

M. McCall, The Trachiniae: Structure, Focus and Heracles, in: Amer. Journ of Phil. 93 (1972), S. 142-163.

G.K. Galinsky, The Heracles Theme, Oxford 1972.

Chr. Segal, Sophocles Trachiniae: Myth, Poetry and Heroic Values, in: Yale Class. Stud. 25 (1976), S. 99-158 (Nachdruck in Segal 1995).

B. Effe, Held und Literatur. Der Funktionswandel des Herakles-Mythos in der griechischen Literatur, in: Poetica 12 (1980), S. 145-166.

J. Söring, Tragödie. Notwendigkeit und Zufall im Spannungsfeld tragischer Prozesse, Stuttgart 1982 (Kap. 1: Sophokles: Die Trachinierinnen, S. 55-104).

W. Kraus, Bemerkungen zum Text und Sinn in den Trachinierinnen, in: Wiener Studien 20, 1986, S. 87-108.

H.F. Johansen, Heracles in Sophokles' Trachiniae, in: Class. et Mediaev. 37 (1986), S. 47-61.

B. Heiden, Tragic Rhetoric. An Interpretation of Sophokles' Trachiniae, New York 1989.

E. Lefèvre, Die Unfähigkeit, sich zu erkennen. Sophokles' Trachiniai, in: Würzb. Jbb. NF 16, (1990), S. 43-62

Chr. Segal, Time, Oracles and Marriage in the Trachiniae, in: Lexis 9/10 (1992), S. 63-92 (Nachdruck in Segal 1995).

L. Bergson, Herakles, Deianeira und Jole, in: Rhein. Mus. 136 (1993), S. 102-115.

Ch. Segal, Sophokles' Tragic World, Cambridge (Mass.) 1995.
B. Effe, Das Bild der Frau in Sophokles' Trachinierinnen, in: G. Binder/K. Ehlich, Kommunikation durch Zeichen und Wort, Trier 1995, S. 229-246.

Nicht genannt sind hier die Monographien über Sophokles im ganzen, die meist ein Kapitel über die ›Trachinierinnen‹ enthalten, sowie die griechischen Textausgaben.

Neuere Kommentare von P.E. Easterling, Sophocles, Trachiniae, (Cambridge 1982) und von M. Davis (Oxford 1991).

ZU DIESER AUSGABE

Die Übersetzung der Tragödie ›Die Frauen von Trachis‹ durch Wolfgang Schadewaldt wird hier zum ersten Mal veröffentlicht. Sie fand jedoch Verwendung als Bühnenfassung für die Inszenierung von Hansgünther Heyme am 26. 9. 1976 in Köln. Es handelt sich offenbar um eine der letzten Arbeiten Schadewaldts (gestorben 1974), denn sie weist insbesondere am Schluß einige Zeichen der Unfertigkeit auf, so daß hier leicht retouchiert werden mußte. Die als Ergänzung zur Übersetzung gedachten Daten zu den ›Frauen von Trachis‹ waren schon vorher veröffentlicht worden. Zu den Vorstufen und zur Wirkungsgeschichte haben sich auch für diese Tragödie keine Notizen im Nachlaß Schadewaldts gefunden.

Den archäologischen und kunstgeschichtlichen Anteil einschließlich der Auswahl der Abbildungen hat diesmal Rainer Vollkommer besorgt, der als besonderer Kenner der Darstellungen des Herakles-Mythos gelten kann.

Für wertvolle Mitarbeit einschließlich der Erstellung der Druckvorlage danke ich herzlich Dorothea Gisdakis, Bernhard Huß, Annette Mäurer und Gundula Stadelmann.

Hellmut Flashar

Die Antike
im insel taschenbuch

Apuleius: Der goldene Esel. Mit Illustrationen von Max Klinger zu ›Amor und Psyche‹. Aus dem Lateinischen von August Rode. Mit einem Nachwort von Wilhelm Haupt. it 146

Augustinus: Bekenntnisse. Lateinisch und deutsch. Eingeleitet, übersetzt und erläutert von Joseph Bernhart. Mit einem Vorwort von Ernst Ludwig Grasmück. it 1002

Boethius: Trost der Philosophie. Zweisprachige Ausgabe. Lateinisch und deutsch. Mit einem Nachwort von Ernst Ludwig Grasmück. it 1215

Roberto Calasso: Die Hochzeit von Kadmos und Harmonia. Aus dem Italienischen von Moshe Kahn. it 1476

Catull: Sämtliche Gedichte. Lateinisch und deutsch. Aus dem Lateinischen von Carl Fischer. Mit einem Nachwort von Bernhard Kytzler. it 1736

Epiktet: Wege zum glücklichen Handeln. Aus dem Lateinischen von Wilhelm Capelle. Mit einem Nachwort von Manfred Fuhrmann. it 1458 und Großdruck. it 2359

Epikur: Philosophie der Freude. Briefe, Hauptlehrsätze, Spruchsammlung, Fragmente. Übertragen und mit einem Nachwort versehen von Paul M. Laskowsky. it 1057

Führer durch das klassische Griechenland. Die antiken Texte zur Kunst und zu den Landschaften Griechenlands. Herausgegeben von Hubert Ortkemper. Mit zahlreichen Abbildungen. it 1930

Götter, Spötter und Verrückte. Antike Anekdoten. Herausgegeben von Gerhard Fink. it 1720

Hippokrates: Der Eid des Arztes. Vom Gelöbnis, Leben zu erhalten. Griechisch und deutsch. Neu übersetzt und herausgegeben von Kurt Steinmann. it 1882

Homer: Ilias. Neue Übertragung von Wolfgang Schadewaldt. Mit antiken Vasenbildern. it 153

Ilias. Odyssee. In der Übertragung von Johann Heinrich Voß. it 1204

Horaz: Oden. Lateinisch und deutsch. Neu übertragen von Winfried Tilmann. it 1418

Frauen der Antike. Lexikon antiker Frauen von Aspasia bis Zenobia. it 1898

Bernhard Kytzler / Joachim Latacz / Klaus Sallmann: Lexikon der antiken Autoren. Literarische Porträts von Homer bis Boethius. it 1856

Longus: Daphnis und Chloë. Ein antiker Liebesroman. Aus dem Griechischen übersetzt und mit einem Nachwort von Arno Mauersberger. Mit Illustrationen der »Edition du Régent«. it 136

174/1/12.96

Die Antike
im insel taschenbuch

Marc Aurel: Selbstbetrachtungen. Aus dem Lateinischen von Otto Kiefer. Mit einem Vorwort von Klaus Sallmann. it 1374

Hubert Ortkemper: Olympische Legenden. Geschichten aus dem antiken Olympia. Farbig illustriert von Rolf Köhler. it 1828

Ovid: Liebeskunst. Nach der Übersetzung von W. Hertzberg. Bearbeitet von Franz Burger-München. Mit Abbildungen nach etruskischen Wandmalereien. it 164

– Metamorphosen. In der Übertragung von Johann Heinrich Voß. Mit den Radierungen von Pablo Picasso und einem Nachwort von Bernhard Kytzler. it 1237

Platon: Apologie. Protagoras. Sämtliche Werke I. Ion. Protagoras. Apologie. Kriton. Laches. Lysis. Charmides. Griechisch und deutsch. it 1401

– Euthyphron. Gorgias. Sämtliche Werke II. Euthyphron. Alkibiades I. Gorgias. Menexenos. Griechisch und deutsch. it 1402

– Menon. Kratylos. Sämtliche Werke III. Menon. Kratylos. Euthydemos. Hippias maior. Griechisch und deutsch. it 1403

– Symposion. Phaidon. Sämtliche Werke IV. Hippias minor. Symposion. Phaidon. Griechisch und deutsch. it 1404

– Politeia. Sämtliche Werke V. Politeia. Griechisch und deutsch. it 1405

– Theaitetos. Phaidros. Sämtliche Werke VI. Phaidros. Theaitetos. Griechisch und deutsch. it 1406

– Sophistes. Politikos. Sämtliche Werke VII. Parmenides. Sophistes. Politikos. Griechisch und deutsch. it 1407

– Timaios. Kritias. Sämtliche Werke VIII. Philebos. Timaios. Kritias. Griechisch und deutsch. it 1408

– Nomoi. Sämtliche Werke IX. Nomoi. Griechisch und deutsch. it 1409

– Briefe. Sämtliche Werke X. Briefe. Unechtes. Griechisch und deutsch. it 1410

– Das Trinkgelage oder Über den Eros. Übertragung, Nachwort und Erläuterungen von Ute Schmidt-Berger. Mit einer Wirkungsgeschichte von Jochen Schmidt und griechischen Vasenbildern. it 681

Sappho: Strophen und Verse. Übersetzt und herausgegeben von Joachim Schickel. it 309

Gustav Schwab: Sagen des klassischen Altertums. 3 Bde. Mit sechsundneunzig Zeichnungen von John Flaxman und einem Nachwort von Manfred Lemmer. it 127

Seneca für Manager. Sentenzen. Ausgewählt und übersetzt von Gerhard Schoeck. it 1656

174/2/12.96

Die Antike
im insel taschenbuch

Seneca: Vom glücklichen Leben. Philosophische Schriften und Briefe. Herausgegeben und aus dem Lateinischen übertragen von Heinz Berthold. it 1457
– Von der Seelenruhe. Philosophische Schriften und Briefe. Herausgegeben und aus dem Lateinischen übertragen von Heinz Berthold. it 743
Sophokles: Aias. Übertragen von Wolfgang Schadewaldt. Herausgegeben von Hellmut Flashar. Mit zahlreichen Abbildungen. it 1562
– Antigone. Übertragen und herausgegeben von Wolfgang Schadewaldt. Mit einem Nachwort, einem Aufsatz, Wirkungsgeschichte und Literaturhinweisen. it 70
– Antigone. Übersetzt von Hölderlin. Bearbeitet von Martin Walser und Edgar Selge. it 1248
– Elektra. Übertragen von Wolfgang Schadewaldt. Herausgegeben von Hellmut Flashar. Mit zahlreichen Abbildungen. it 1616
– König Ödipus. Übertragen und herausgegeben von Wolfgang Schadewaldt. Mit einem Nachwort, drei Aufsätzen, Wirkungsgeschichte und Literaturnachweisen. it 15
– Ödipus auf Kolonos. Übertragen von Wolfgang Schadewaldt. Herausgegeben von Hellmut Fischer. Mit zahlreichen Abbildungen. it 1782
Tacitus: Germania. Zweisprachig. Übertragen und erläutert von Arno Mauersberger. it 471

174/3/12.96

Klassische deutsche Literatur im insel taschenbuch

Bettine von Arnim: Goethes Briefwechsel mit einem Kinde. Herausgegeben und eingeleitet von Waldemar Oehlke. Mit zeitgenössischen Abbildungen. it 767

– Die Günderode. Mit einem Essay von Christa Wolf. it 702

Ludwig Börne: Spiegelbild des Lebens. Aufsätze zur Literatur. Erweiterte Neuausgabe. Ausgewählt und eingeleitet von Marcel Reich-Ranicki. it 1578

Hermann Bote: Till Eulenspiegel. Ein kurzweiliges Buch aus dem Lande Braunschweig. Wie er sein Leben vollbracht hat. Sechsundneunzig seiner Geschichten. Herausgegeben, in die Sprache unserer Zeit übertragen und mit Anmerkungen versehen von Siegfried H. Sichtermann. Mit zeitgenössischen Illustrationen. it 336

Clemens Brentano: Rheinmärchen. In der von Guido Görres herausgegebenen Ausgabe von 1846. Mit Illustrationen von Edward Steinle. it 804

– Gedichte. Erzählungen. Briefe. Herausgegeben von Hans Magnus Enzensberger. it 557

Die Briefe von Goethes Mutter. Gesammelt und herausgegeben von Albert Körner. Mit einem Nachwort von Karl Riha. it 1550

Georg Büchner: Lenz. Erzählung. Mit Oberlins Aufzeichnungen ›Der Dichter Lenz, im Steinthale‹, ausgewählten Briefen von J. M. R. Lenz und einem Nachwort von Jürgen Schröder. it 429

– Leonce und Lena. Ein Lustspiel. Mit farbigen Illustrationen von Karl Walser und einem Nachwort von Jürgen Schröder. it 594

– Woyzeck. Nach den Handschriften neu herausgegeben und kommentiert von Henri Poschmann. it 846

Gottfried August Bürger: Wunderbare Reisen zu Wasser und zu Lande. Feldzüge und lustige Abenteuer des Freiherrn von Münchhausen, wie er dieselben bei der Flasche im Zirkel seiner Freunde selbst zu erzählen pflegt. Mit den Holzschnitten von Gustave Doré. it 207

Wilhelm Busch: Kritisch-Allzukritisches. Gedichte. Ausgewählt und mit einem Nachwort von Theo Schlee. Mit Illustrationen von Wilhelm Busch. it 52

Adelbert von Chamisso: Peter Schlemihls wundersame Geschichte. Nachwort von Thomas Mann. Illustriert von Emil Preetorius. it 27

Matthias Claudius: Der Wandsbecker Bote. Mit einem Vorwort von Peter Suhrkamp und einem Nachwort von Hermann Hesse. it 130

Annette von Droste-Hülshoff: Geistliches Jahr. Gedichte. it 1885

– Die Judenbuche. Ein Sittengemälde aus dem gebirgichten Westfalen. Mit Illustrationen von Max Unold. it 399

161/1/12.96

Klassische deutsche Literatur im insel taschenbuch

Annette von Droste-Hülshoff: Sämtliche Erzählungen. Herausgegeben von Manfred Häckel. it 1521
– Sämtliche Gedichte. Mit einem Nachwort von Ricarda Huch. it 1092
Marie von Ebner-Eschenbach: Dorf- und Schloßgeschichten. Mit einem Nachwort von Joseph Peter Strelka. it 1272
Johann Peter Eckermann: Gespräche mit Goethe in den letzten Jahren seines Lebens. 2 Bde. Herausgegeben von Fritz Bergemann. it 500
Joseph von Eichendorff: Aus dem Leben eines Taugenichts. Mit Illustrationen von Adolf Schrödter und einem Nachwort von Ansgar Hillach. it 202
– Gedichte. Mit Zeichnungen von Otto Ubbelohde. Herausgegeben von Traude Dienel. it 255
– Gedichte. In chronologischer Folge herausgegeben von Hartwig Schultz. it 1060
– Novellen und Gedichte. Ausgewählt und eingeleitet von Hermann Hesse. it 360
Theodor Fontane: Briefe an Georg Friedlaender. Herausgegeben und mit einem Nachwort versehen von Walter Hettche. it 1565
– Cécile. Mit einem Nachwort von Walter Müller-Seidel. it 689
– Effi Briest. Mit 21 Lithographien von Max Liebermann. it 138 und Großdruck. it 2340
– Frau Jenny Treibel oder ›Wo sich Herz zum Herzen findt‹. Roman. Mit einem Nachwort von Richard Brinkmann. it 746
– Grete Minde. Mit einem Nachwort von Peter Demetz. it 1157
– Herr von Ribbeck auf Ribbeck. Gedichte und Balladen. Herausgegeben von Gottfried Honnefelder. it 1446
– Irrungen, Wirrungen. Mit einem Nachwort von Walther Killy. it 771
– Jenseit des Tweed. Bilder und Briefe aus Schottland. Mit zahlreichen Abbildungen und einem Nachwort herausgegeben von Otto Drude. it 1066
– Kriegsgefangen. Erlebnisse 1870. Herausgegeben von Otto Drude. Mit zahlreichen Abbildungen. it 1437
– Mathilde Möhring. Mit einem Nachwort von Peter Demetz. it 1107
– Meine Kinderjahre. Autobiographischer Roman. Mit einem Nachwort von Otto Drude. it 705
– Die Poggenpuhls. Roman. it 1271
– Schach von Wuthenow. Erzählung aus der Zeit des Regiments Gendarmes. Mit einem Nachwort von Benno von Wiese. it 816
– Ein Sommer in London. Mit einem Nachwort von Harald Raykowski. it 1723

161/2/12.96

Klassische deutsche Literatur im insel taschenbuch

Theodor Fontane: Ein Sommer in London. Mit einem Nachwort von Harald Raykowski. it 1723
- Der Stechlin. Mit einem Nachwort von Walter Müller-Seidel. it 152
- Stine. Roman. Mit einem Nachwort von Peter Demetz. it 899
- Unwiederbringlich. Roman. it 1593
- Vor dem Sturm. Roman, aus dem Winter 1812 auf 13. Mit einem Nachwort von Hugo Aust. it 583

Georg Forster: Reise um die Welt. Herausgegeben und mit einem Nachwort von Gerhard Steiner. it 757

Johann Wolfgang Goethe: Erotische Gedichte. Gedichte, Skizzen und Fragmente. Herausgegeben von Andreas Ammer. it 1225
- Faust. Erster Teil. Nachwort von Jörn Göres. Illustrationen von Eugène Delacroix. it 50
- Faust. Zweiter Teil. Mit Federzeichnungen von Max Beckmann. Mit einem Nachwort zum Text von Jörn Göres und zu den Zeichnungen von Friedhelm Fischer. it 100
- Gedichte. Sämtliche Gedichte in zeitlicher Folge. Herausgegeben von Heinz Nicolai. it 1400
- Hermann und Dorothea. Mit Aufsätzen von August Wilhelm Schlegel, Wilhelm von Humboldt, Georg Wilhelm Friedrich Hegel und Hermann Hettner. Mit zehn Kupfern von Catel. it 225
- Italienische Reise. Mit vierzig Zeichnungen des Autors. Herausgegeben und mit einem Nachwort versehen von Christoph Michel. it 175
- Tagebuch der Italienischen Reise 1786. Notizen und Briefe aus Italien. Mit Skizzen und Zeichnungen des Autors. Herausgegeben und erläutert von Christoph Michel. it 176
- Die Leiden des jungen Werther. Mit einem Essay von Georg Lukács und einem Nachwort von Jörn Göres. Mit zeitgenössischen Illustrationen von Daniel Nikolaus Chodowiecki und anderen. it 25
- Märchen. Der neue Paris. Die neue Melusine. Das Märchen. Herausgegeben und erläutert von Katharina Mommsen. it 825
- Der Mann von funfzig Jahren. Mit einem Nachwort von Adolf Muschg. it 850
- Maximen und Reflexionen. Text der Ausgabe von 1907 mit den Erläuterungen und der Einleitung Max Heckers. Nachwort von Isabella Kuhn. it 200
- Novellen. Herausgegeben und mit einem Nachwort versehen von Katharina Mommsen. Mit Federzeichnungen von Max Liebermann. it 425

161/3/12.96

161/4/12.96

Klassische deutsche Literatur im insel taschenbuch

Jeremias Gotthelf: Die schwarze Spinne. Mit Illustrationen von Renate Sendler-Peters. it 991

Hans Jakob Christoffel von Grimmelshausen: Der abenteuerliche Simplicissimus. Mit Zeichnungen von Fritz Kredel. it 739

Grimms Märchen, wie sie nicht im Buche stehen. Herausgegeben und erläutert von Heinz Rölleke. it 1551

Karoline von Günderode: Gedichte. Herausgegeben von Franz Josef Görtz. it 809

Johann Christian Günther: Die Gedichte. Herausgegeben von Franz-Heinrich Hackel. it 1702

Wilhelm Hauff: Märchen. Erster Band. Herausgegeben von Bernhard Zeller. Mit Illustrationen von Theodor Weber, Theodor Hosemann und Ludwig Burger. it 216

Johann Peter Hebel: Kalendergeschichten. Ausgewählt und mit einem Nachwort von Ernst Bloch. Mit neunzehn Holzschnitten von Ludwig Richter. it 17

– Schatzkästlein des rheinischen Hausfreundes. Nachdruck der Ausgabe von 1811 sowie sämtliche Kalendergeschichten aus dem »Rheinländischen Hausfreund« der Jahre 1808-1819. Herausgegeben und mit einem Nachwort versehen von Jan Knopf. it 719

Heinrich Heine: Buch der Lieder. Mit zeitgenössischen Illustrationen und einem Nachwort von E. Galley. it 33

– Deutschland. Ein Wintermärchen. Mit einem Nachwort von Joseph Peter Strelka. Anhang mit Bibliographie und einer Zeittafel. it 723

– Gedichte aus Liebe. In einer Auswahl von Thomas Brasch. it 1444

– Italien. Mit farbigen Illustrationen von Paul Scheurich. it 1072

– Neue Gedichte. it 1055

– Der Rabbi von Bacherach. Ein Fragment. Mit Illustrationen von Max Liebermann und einem Nachwort von Joseph A. Kruse. it 811

– Reisebilder. Mit einem Nachwort von Joseph A. Kruse und zeitgenössischen Illustrationen. it 444

– Romanzero. Mit einem Nachwort von Joseph A. Kruse und zeitgenössischen Illustrationen. it 538

Johann Gottfried Herder: Lesebuch. Zum 250. Geburtstag. Herausgegeben von Siegfried Hartmut Sunnus. Mit zahlreichen Abbildungen. it 1609

Friedrich Hölderlin: Gedichte. Herausgegeben und mit Erläuterungen versehen von Jochen Schmidt. it 781

– Hyperion oder Der Eremit in Griechenland. Herausgegeben und mit einem Nachwort versehen von Jochen Schmidt. it 365

161/5/12.96

Klassische deutsche Literatur im insel taschenbuch

Friedrich Hölderlin: Die schönsten Gedichte. Ausgewählt und mit einem Nachwort versehen von Jochen Schmidt. it 1508

Hölderlin. Chronik seines Lebens mit ausgewählten Bildnissen. Herausgegeben von Adolf Beck. it 83

E. T. A. Hoffmann: Die Abenteuer der Silvester-Nacht. Mit farbigen Illustrationen von Monika Wurmdobler. it 798

– Die Elixiere des Teufels. Mit Illustrationen von Hugo Steiner-Prag. it 304

– Das Fräulein von Scuderi. Erzählung aus dem Zeitalter Ludwig des Vierzehnten. Mit Illustrationen von Lutz Siebert. it 410

– Die Geheimnisse. Mit einem Nachwort von Eckart Kleßmann. Mit farbigen Illustrationen von Knut V. Neumann. it 1852

– Der goldne Topf. Ein Märchen aus der neuen Zeit. Mit 13 Illustrationen von Karl Thylmann. Herausgegeben und mit einem Nachwort von Jochen Schmidt. it 570

– Lebensansichten des Katers Murr nebst fragmentarischer Biographie des Kapellmeisters Johannes Kreisler in zufälligen Makulaturblättern. Mit Illustrationen von Maximilian Liebenwein. Mit Anmerkungen. it 168

– Nachtstücke. Mit einem Nachwort von Lothar Pikulik und Illustrationen von Renate Sendler-Peters. it 589

– Nußknacker und Mausekönig. Mit farbigen Illustrationen von Monika Wurmdobler. it 879

– Der Sandmann. Mit Illustrationen von Hugo Steiner-Prag und einem Nachwort von Jochen Schmidt. it 934

– Spukgeschichten. Mit farbigen Illustrationen von Monika Wurmdobler. it 1880

Alexander von Humboldt: Über das Universum. Die Kosmos-Vorträge 1827/28 in der Berliner Singakademie. Herausgegeben von Jürgen Hamel und Klaus-Harro Tiemann. it 1540

Jean Paul: Flegeljahre. Eine Biographie. Mit einem Nachwort von Hermann Meyer. it 873

– Leben des vergnügten Schulmeisterlein Maria Wutz in Auenthal. Eine Art Idylle. Mit einem Nachwort von Peter Bichsel. it 1685

– Siebenkäs. Blumen-, Frucht- und Dornenstücke oder Ehestand, Tod und Hochzeit des Armenadvokaten F. St. Siebenkäs im Reichsmarktflecken Kuhschnappel. Mit einem Nachwort von Hermann Hesse. it 980

– Titan. Mit einem Nachwort von Ralph-Rainer Wuthenow. it 671

Das kalte Herz. Und andere Texte der Romantik. Mit einem Essay von Manfred Frank. it 330

161/6/12.96

Klassische deutsche Literatur im insel taschenbuch

Gottfried Keller: Der grüne Heinrich. Erste Fassung. 2 Bde. Mit Zeichnungen Gottfried Kellers und seiner Freunde. it 335

– Die Leute von Seldwyla. Vollständige Ausgabe der Novellensammlung. Mit einem Nachwort von Gerhard Kaiser. it 958

– Romeo und Julia auf dem Dorfe. Mit einem Kommentar und einem Nachwort von Klaus Jeziorkowski. it 756

Justinus Kerner: Die Reiseschatten. Herausgegeben und mit einem Nachwort von Gunter E. Grimm. it 1826

Heinrich von Kleist: Dramen I. Die Familie Schroffenstein. Robert Guiskard. Der zerbrochne Krug. Amphitryon. it 981

– Die Erzählungen. it 1785

– Die Marquise von O... Mit Materialien und Bildern zu dem Film von Eric Rohmer und einem Aufsatz von Heinz Politzer. Herausgegeben von Werner Berthel. Übersetzungen aus dem Französischen von Werner Berthel. it 299

– Michael Kohlhaas. Aus einer alten Chronik. Mit einem Nachwort von Jochen Schmidt. it 1352

– Der zerbrochne Krug. Ein Lustspiel. it 171

August Klingemann: Nachtwachen von Bonaventura. Mit Illustrationen von Lovis Corinth. Herausgegeben und mit einem Nachwort versehen von Jost Schillemeit. it 89

Johann C. Lavater: Von der Physiognomik und Hundert physiognomische Regeln. Herausgegeben und mit einem Nachwort von Karl Riha und Carsten Zelle. Mit zahlreichen Abbildungen. it 1366

Gotthold Ephraim Lessing: Dramen. Mit einem Nachwort herausgegeben von Kurt Wölfel. it 714

Georg Christoph Lichtenberg: Aphorismen. In einer Auswahl. Herausgegeben und mit einem Nachwort versehen von Kurt Batt. it 165

– Sudelbücher. Herausgegeben von Franz H. Mautner. Mit einem Nachwort, Anmerkungen zum Text, einer Konkordanz der Aphorismen-Nummern und einer Zeittafel. it 792

Liselotte von der Pfalz: Briefe. Herausgegeben und eingeleitet von Helmuth Kiesel. Mit zeitgenössischen Portraits. it 428

Märchen der Romantik. Mit zeitgenössischen Illustrationen. Herausgegeben von Maria Dessauer. it 285

Meister Eckhart: Das Buch der göttlichen Tröstung. Ins Neuhochdeutsche übertragen von Josef Quint. it 1005

Conrad Ferdinand Meyer: Jürg Jenatsch. Eine Bündnergeschichte. Mit einem Nachwort von Reto Hänny. it 862

161/7/12.96

Klassische deutsche Literatur
im insel taschenbuch

Eduard Mörike: Die Historie von der schönen Lau. Mit Illustrationen von Moritz von Schwind und einem Nachwort von Traude Dienel. it 72

– Maler Nolten. Novelle in zwei Teilen. Erste Fassung. Mit zeitgenössischen Illustrationen und einem Nachwort von Wolfgang Vogelmann. it 404

– Mozart auf der Reise nach Prag. Eine Novelle. Mit Illustrationen von Hugo Steiner-Prag und einem Nachwort von Traude Dienel. it 376

– Mozart auf der Reise nach Prag. Novelle. Mit Illustrationen von Gunter Böhmer. Großdruck. it 2320

– Eduard Mörikes schönste Erzählungen. Ausgewählt und mit einem Nachwort versehen von Hermann Hesse. Redaktion: Volker Michels. it 1290

Karl Philipp Moritz: Anton Reiser. Ein psychologischer Roman. Mit einem Nachwort von Max von Brück. it 433

Friedrich de la Motte-Fouqué: Undine. Ein Märchen von Friedrich de la Motte-Fouqué. Musik von E.T.A. Hoffmann. Mit Bildern von Karl Friedrich Schinkel. Mit einem Essay von Ute Schmidt-Berger. it 1353

Wilhelm Müller: Die Winterreise und andere Gedichte. Herausgegeben von Hans-Rüdiger Schwab. Mit einem Vorwort von Christian Elsner. it 901

Johann Karl August Musäus: Rübezahl. Für die Jugend von Christian Morgenstern. Mit Illustrationen von Max Slevogt. it 73

Johann Nepomuk Nestroy: Komödien. Herausgegeben von Franz H. Mautner. it 1742

Friedrich Nietzsche: Gedichte. Herausgegeben von Karl Riha. it 1622

Novalis: Aphorismen. Herausgegeben von Michael Brucker. it 1434

– Gedichte. Die Lehrlinge zu Sais – Dialogen und Monolog. Mit einem Nachwort von Jochen Hörisch. it 1010

– Heinrich von Ofterdingen. Herausgegeben von Jochen Hörisch. Mit zeitgenössischen Abbildungen. it 596

August von Platen: Memorandum meines Lebens. Herausgegeben von Gert Mattenklott und Hansgeorg Schmidt-Bergmann. it 1857

August von Platen: Wer wußte je das Leben? Ausgewählte Gedichte. Herausgegeben und mit einem Nachwort von Rüdiger Görner. it 1713

Hermann von Pückler-Muskau: Andeutungen über Landschaftsgärtnerei. Verbunden mit der Beschreibung ihrer praktischen Anwendung in Muskau. Herausgegeben von Günter J. Vaupel. Mit den 44 Ansichten, 4 Grundplänen und einem farbigen Bildteil. it 1024 und it 1819

161/8/12.96

Klassische deutsche Literatur im insel taschenbuch

Hermann von Pückler-Muskau: Briefe eines Verstorbenen. Ein fragmentarisches Tagebuch. 2 Bände in Kassette. Herausgegeben von Günter J. Vaupel. Mit zahlreichen Abbildungen. it 1219

Wilhelm Raabe: Die Akten des Vogelsangs. it 888

– Die Akten des Vogelsangs. it 1845

– Die Chronik der Sperlingsgasse. Mit Handzeichnungen Wilhelm Raabes. it 370

– Hastenbeck. it 1846

– Das Odfeld. it 1843

– Pfisters Mühle. Die Innerste. it 1842

– Stopfkuchen. it 1844

– Zum wilden Mann. Novellen. it 1841

Leopold von Ranke: Die großen Mächte. Politisches Gespräch. Herausgegeben und mit einem Nachwort versehen von Ulrich Muhlack. it 1776

Friedrich Rückert: Kindertodtenlieder. Mit einer Einleitung neu herausgegeben von Hans Wollschläger. it 1545

– Werke. Zwei Bände in Kassette. Ausgewählt und herausgegeben von Annemarie Schimmel. it 1022

Ferdinand von Saar: Novellen aus Österreich. it 906

Friedrich von Schiller: Der Geisterseher. Und andere Erzählungen. Mit einer Einleitung von Emil Staiger und Erläuterungen von Manfred Hoppe. Mit zeitgenössischen Illustrationen. it 212

– Wallenstein. Ein dramatisches Gedicht. Wallensteins Lager – Die Piccolomini – Wallensteins Tod. Herausgegeben von Herbert Kraft. Mit einem Nachwort von Oskar Seidlin. it 752

Friedrich Schlegel: Lucinde. Ein Roman. Mit Radierungen von M. E. Philipp und einem Nachwort von Wolfgang Paulsen. it 817

Arthur Schopenhauer: Aphorismen zur Lebensweisheit. Vollständige Ausgabe mit Erläuterungen und Übersetzung der fremdsprachigen Zitate. Mit einem Nachwort von Hermann von Braunbehrens. Mit 16 Daguerreotypien und Fotos und Bilderläuterungen von Arthur Hübscher. it 223

Heinrich Seidel: Leberecht Hühnchen. Prosa-Idyllen. it 786

Adalbert Stifter: Aus dem alten Wien. Zwölf Erzählungen. Herausgegeben von Otto Erich Deutsch. Mit farbigen Abbildungen. it 959

– Bergkristall. Und andere Erzählungen. it 438

– Erzählungen. Ausgewählt und mit einem Nachwort versehen von Hermann Hesse. it 1314

– Der heilige Abend. Mit farbigen Illustrationen von Monika Wurmdobler. it 699

161/9/12.96

Klassische deutsche Literatur im insel taschenbuch

Adalbert Stifter: Der Hochwald. Mit einem Nachwort von Wolfgang Frühwald. it 1197

– Die Mappe meines Urgroßvaters. Mit einer Einleitung und Anmerkungen von Peter Suhrkamp und einem Nachwort von Wolfgang Frühwald. it 1743

– Der Nachsommer. Mit einem Essay von Hugo von Hofmannsthal. it 653

Theodor Storm: Gesammelte Werke. 6 Bände. Herausgegeben von Gottfried Honnefelder. it 731-736

– Band 1: Gedichte. it 731
– Band 2: Immensee und andere Novellen. it 732
– Band 3: Pole Poppenspäler und andere Novellen. it 733
– Band 4: Carsten Curator und andere Novellen. it 734
– Band 5: Hans und Heinz Kirch und andere Erzählungen. it 735
– Band 6: Der Schimmelreiter. it 736

– Am Kamin und andere unheimliche Geschichten. Mit Illustrationen von Roswitha Quadflieg. Ausgewählt und mit einem Nachwort von Gottfried Honnefelder. it 143

– Der Schimmelreiter. Mit Zeichnungen von Hans Mau und einem Nachwort von Gottfried Honnefelder. Großdruck. it 2318

– Unter dem Tannenbaum. Mit Illustrationen der Erstausgabe von Otto Speckter und Ludwig Pietsch. Herausgegeben von Gottfried Honnefelder. it 1042

161/10/12.96